트로이,
신화의
도시

트로이,
신화의
도시

뤼스템 아슬란

지음

김종일

옮김

청아출판사

트로이, 가장 중요한 선사 문명

트로이는 세계 선사 문명에서 가장 유명하고 중요한 도시 중 하나로, 트로이 고고학 유적은 4천 년 역사를 가지고 있다. 트로이의 넓은 유적은 아나톨리아 문명과 당시 성장하고 있던 지중해 문명의 최초 접촉에 관한 가장 의미 있고 실제적인 증거이다. 100여 년 전에 시작된 발굴 조사를 통해 구 대륙(Old World) 문명의 형성과 이후 문화 발전의 토대가 마련되는 시기를 이해하고자 할 때 기본이 되는 편년 체계를 수립할 수 있었다. 또한 기원전 13세기 그리스에서 온 미케네 전사들이 트로이를 점령한 사건은 기원전 8세기 《일리아드》를 저술한 호메로스에게 불멸성을 부여받았으며, 이후 전 세계 위대한 예술가에게 많은 영감을 주었다.

　트로이는 히사를리크 언덕에 있다. 에게해의 터키 쪽 해안을 따라 펼쳐진 평야를 내려다보고 있으며, 다르다넬스 해협 남쪽 입구에서 4.8킬로미터가량 떨어져 있다. 유명한 고고학자 하인리히 슐리만이 1870년 최초의 발굴 조사를 시작했는데, 이 발굴 조사는 이 지역에 대한 최초의 선사 고고학 연구이자 이에 대한 대중 인식의 최초 출발점으로 여겨질 수 있다. 트로이와 트로아스 지역에서 수행된 연구와 발굴 조사는 8천 년 동안 이 지역에 인간이 거주했음을 잘 보여 준다.

트로이에서 40여 차례 이상 이루어진 발굴 조사는 지난 150여 년에 걸쳐 진행됐으며, 성채와 저지대 마을에서 인간이 거주했던 모든 시기에 해당하는 많은 유적들이 발견됐다. 이 유적에는 성채 주위의 방어 성벽 가운데 주요 부분과 11개의 성문, 돌로 포장된 경사로 석축, 5개의 방어용 보루를 받치고 있는 하부 구조가 포함되어 있다. 이러한 고고학 유적 대부분은 트로이 II기에서 VI기에 해당하지만, 최초의 성벽 일부가 첫 번째 방어 성벽 남문 근처에서 발견됐다. 지난 15년 동안 저지대 도시가 선사 시대 전 시기에 걸쳐 히사를리크 언덕 남쪽에 존재했다는 점과 특히 후기 청동기 시대에 대략 40헥타르의 면적으로 확대됐다는 점이 명확해졌다. 아테네 신전을 비롯한 몇 개의 기념물과 최근에 발굴된 성소는 트로이 유적에 존재했던 그리스 로마의 도시 일리온의 일부이다. 로마의 도시 구조는 아고라(Agora, 중앙부의 시장 구역) 주변부에 있는 두 개의 주요한 공공 건축물, 즉 오데이온(Odeion, 극장)과 인근 불레우테리온(Bouleuterion, 의사당)으로 대표된다.

주변 지역 경관은 중요한 고고학 및 역사 유적을 다수 포함하는데, 여기에는 선사 시대 주거지 및 무덤, 헬레니즘 시대의 무덤 봉분, 기념비적인 거대한 무덤들, 그리스 로마 주거지, 로마와 오스만 튀르크 제국 시기의 다리, 갈리폴리 전투의 수많은 기념물들이 포함되어 있다. 이러한 이유로 1996년 터키 공화국 해당 관청은 트로이 고대 도시와 주변 경관을 국립 트로이 역사 공원으로 등재했다.

트로이 고고학 유적은 유럽 문명의 초기 발전 단계 중 중요한 시기에 있었던 발전 과정을 이해하는 데 대단히 중요하다. 3천 년 이상 존재했던 연속적인 주거지의 변화 과정을 잘 보여 주고 있으며, 문명의 계승적 발전 관계를 증언해 준다. 트로이의 역할은 아나톨리아, 에게해, 발칸반도의 세 문화가 만나는 지점에 위치한다는 지정학적 특징 덕분에 이 세 문화의 관계를 보여 준다는 점에서 특히 중요하다. 이러한 모든 이유 덕분에 트로이는 1998년에 유네스코 지정 세계문화유산 목록에 등재됐다. 그리고 그로부터 20여 년이 흘러 차낙칼레 주정부의 도움을 받아 터키 공화국 문화 관광청은 2018년을 '트로이의 해'로 지정했다. '트로이의 해'에 있었던 여러 행사 가운데 가장 중요한 행사는 2018년 여름 트로이 박물관 개관이었다.

2018년 '트로이의 해'에 한국-터키 문화 교류 사업이 트로이를 포함한 터키 여러 지역에서 다수 개최됐다. 이러한 문화 교류 사업을 통해 한국인과 터키인은 문화적 측면에서 더욱 가까워졌다. 한국과 터키는 많은 기억을 공유하고 있다. 필자는 친척 어른과 이웃으로부터 이러한 기억을 들을 수 있었고, 이 기억들과 함께 자랐다. 필자가 이 책을 기꺼이 한국인에게 헌정하고자 하는 이유가 여기에 있으며, 바로 이것이 터키의 우정이라고 할 수 있다. 그리고 이 책을 번역한 서울대학교 김종일 교수님, 기꺼이 출판을 맡아 준 청아출판사, 이 책의 번역을 기획한 한양대학교 이희수 명예 교수님께 깊이 감사드린다.

트로이 발굴 책임자
뤼스템 아슬란
Prof. Dr. Rüstem Aslan

추천사

이제 자신 있게 트로이로 떠나자

처음 트로이와 마주한 것은 터키에서 유학 중이던 1984년 여름이었다. 에게해를 멀리 바라보는 장엄한 평원에 거센 바람을 뚫고 펼쳐진 도시와 성채는 폐허 속에서도 또렷한 목소리로 자신의 스토리를 들려주고 있는 듯했다. 감동과 전율 속에 5천 년 전 사연을 들으면서도 나는 뭐가 뭔지 종잡을 수가 없었다. 더구나 시대를 달리하는 10개 층위의 10개 도시가 15미터 높이의 시루떡처럼 켜켜이 쌓여 중동사를 전공한 나로서도 신화 세계에 익숙한 트로이를 온전한 역사 세계로 옮겨 오는 인식의 전환이 결코 쉽지 않았다. 그렇지만 1988년부터 재개된 발굴 결과, 호메로스가 묘사한 트로이 전쟁 이야기가 기원전 1300~1180년경(후기 청동기 시대)에 해당되는 VI층 후기와 VII층 초기로 밝혀짐으로써 신화 속 이야기가 상당한 근거를 갖고 역사 속으로 들어왔다. 그 후 트로이를 수십 차례 다니면서 조금씩 역사의 비밀을 깨달았고, 30년 이상 트로이 발굴에 헌신해 온 뤼스템 아슬란 교수를 만나면서 오랜 숙제를 풀어 가는 느낌을 받았다.

　이 책은 바로 뤼스템 아슬란이 평생을 바쳐 사랑하고 온 열정을 바친 트로이에 관한 가장 정통하고 생생한 지침서이다. 1863년 독일 고고학자 하인리히 슐리만이 이곳에서 트로이 발굴을 시작하고 무려 150년 이상 쏟아부었던 인부와 학자들의 땀과 고뇌의 결실이다. 그 결과 수많은 신화와 역사가 혼재하며 인류의 상상력을 자극하던 현장에 2018년 트로이 박물관이 드디어 문을 열었다. 트로이가 새 시대를 열고 엄청난 이야기를 풀어낼 준비를 마친 것이다.

　영국 케임브리지 대학에서 고고학 박사 학위를 받고 서울대학교 고고미술사학과 교수로 계시는 김종일 교수가 이 책을 번역해 주셨다. 나는 참으로 운 좋게 2017년 여름과 2018년 봄 두 차례나 김종일 교수와 함께 뤼스템 교수를 만나고, 그의 안내로 트로이를 답사하면서 이제 이 위대한 인류 문화유산을 더 많은 한국인이 방문할 수 있기를 고대했다. 김종일 교수의 깊은 고고학 전문 지식과 매끄러운 번역으로 우리에게 이런 책을 선물해 주어 감사드린다. 이제 우리는 이 책으로 진정한 트로이를 만나러 자신 있게 떠나도 좋을 것 같다.

　이희수
　한양대 문화인류학과 특훈교수
　한국–터키친선협회 사무총장

서문

트로이 문명의 발자취와 외침

TO BE A VOICE AND PATH IN TROY

문명의 요람인 아나톨리아 땅은 인류 역사의 유구한 발전 과정과 그 과정을 웅변해 줄 수 있는 심원한 목소리를 보존하고 있다. 아나톨리아가 지닌 문화적 가치를 세계문화유산으로 평가하고 인식하는 것은 우리 인류가 반드시 수행해야 할 의무이다. 수천 년 전 시작된 인류와 인류 문명의 함성을 발견하고 보존하는 작업을 제대로 수행하는 데는 폭넓은 지식과 엄청난 노력이 요구된다.

우리는 트로이 연구에 삶과 열정을 바쳤던 고고학자들의 고된 여정과 근면 성실함을 잘 알고 있다. 또한 이들이 남긴 업적들을 살펴보거나 트로이 문명을 연구한 목소리를 듣게 될 때, 그들이 다른 고고학자와 어떻게 이야기를 나누고 얼마나 고대 유물을 사랑하는지 생각할 때마다 흥분한다. 트로이 고대 도시를 연구했던 터키 고고학자들의 위대한 열정을 살펴보는 일은 매우 명예로운 일이다.

우리는 차낙칼레 온세키즈 마르트 대학교(Çanakkale Onsekiz Mart

University) 문학부 고고학과 소속 연구자들과 공동 연구를 수행하게 돼 매우 자랑스럽다. 왜냐하면 이 연구자들이 트로이 문명의 발전 과정을 연구해 새로운 사실들을 밝혀내는 동시에 미래에 해야 할 일들을 제시하고 있기 때문이다.

비즈니스가 중요한 현대 사회에서 고대 도시 트로이가 유네스코 세계문화유산으로 지정된 이래, 트로이 유적 연구에 지속적인 후원이 이루어져서 매우 기쁘다. 지난 수년 동안 트로이에 대한 고고학 발굴 조사가 다른 나라 고고학자에 의해서도 진행됐지만, 아울러 터키 고고학자들이 진행한 고고학 조사의 가치와 소중함에 대해서도 높이 평가하고 감사하게 생각한다. 우리는 트로이 유적이 지닌 역사적 가치에 대해 잘 알고 있다. 트로이는 전 세계에서 가장 중요한 역사적 중심지 가운데 하나이다.

고고학자들이 문명이 발전한 과정에 대해 연구를 진행해 왔고, 그것을 보존하는 데 노력을 경주한 덕분에 우리는 고고학자들의 재능과 인내가 뒷받침된 작업 결과물을 직접 볼 수 있다. 독자는 이 책의 모든 페이지에서 트로이 문명이 외치는 함성과 문명이 발전해 온 과정을 살펴볼 수 있을 것이다. 그리고 고고학이라는 학문에 자신의 모든 것을 바친 사람들의 열정을 느낄 수 있다는 사실이 무엇보다 중요하다.

활발한 경제 활동으로 국가 경제에 이바지해 온 이치다쉬(İÇDAŞ)는 미래 세대를 위해 많은 역사적 자산을 발견하고 보존하며 또한 이를 유지하는 작업을 후원하고 있다. 우리는 고대 트로이 유적 발굴 조사 후원 사업을 통해 귀중한 트로이 문명의 발전 과정과 그 외침을 전할 수 있게 되어 매우 자랑스럽게 생각한다.

이치다쉬

목차

1

트로이, 신화와 고고학의 도시
TROY : CITY OF MYTHOLOGY AND ARCHAEOLOGY

유네스코 세계문화유산

트로이는 차낙칼레(다르다넬스) 해협 아시아 쪽 해안가에 위치해 있다. 이 지역은 카라멘데레스강(Kara Menderes) 고대 스카만드로스강의 현재 이름 — 역주 하구에 있는 에게해 삼각주 지역에서 가깝다. 트로이 유적은 이 지역에서 규모가 가장 클 뿐만 아니라 가장 중요한 선사 시대 주거지이다.

트로이 언덕은 카라멘데레스강에 의해 형성된 해발 20~25미터 높이 고원에 위치한다. 전략적으로 유리한 위치에 입지한 이 삼각 고원은 방어 체계를 갖춘 주거지가 형성되기에 이상적인 곳이었다. 우리가 이 지역에서 발견한 기원전 3천 년경으로 편년되는 취락 유적이 정확히 그런 유적이다. 당시에는 해안선이 트로이 언덕이 위치한 산등성이 북쪽 사면에까지 이르렀다. 대략 2천 년이 넘는 기간 동안, 즉 청동기 시대로 알려진 기간에 해발 15미터 지역에 있는 취락 유적을 포함한 문화층이 형성됐다.

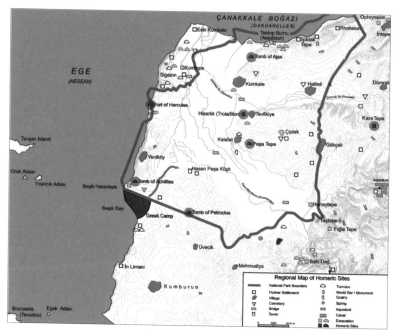

그림 1 오늘날 트로이와 그 주변 지역

유럽과 아시아라는 두 대륙 사이 그리고 에게해와 흑해라는 두 바다 사이의 전략적 요충지라는 특성 때문에 이 지역은 수천 년 동안 인간이 점유했다. 이 지역에서 수많은 전쟁과 파괴가 있었던 것도 같은 이유이다.

연구 역사

독일 출신 부유한 상인이었던 하인리히 슐리만(Heinrich Schliemann, 1822~1890)은 40대 이후 고고학에 큰 관심을 갖고, 어릴 때부터 강한 인

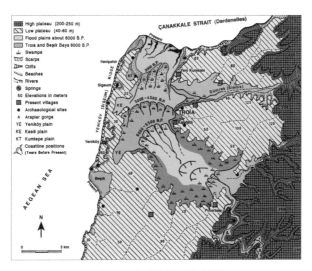

그림 2 트로이 I기 일리온과 주변 환경

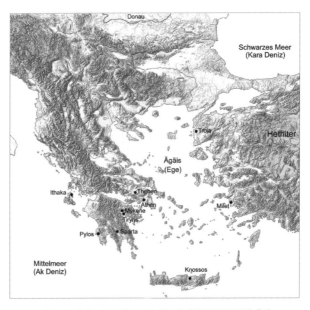

그림 3 미케네, 트로이, 히타이트 제국이 위치한 동지중해와 흑해

그림 4 58세 당시 하인리히 슐리만

그림 5 1866년에 촬영한 칼버트가 가족사진. 앞줄에 프랭크 칼버트가 앉아 있다.

상을 받았던 《일리아드》 전설에 언급된 트로이 위치를 확인하고자 여정을 시작했다. 오랜 시간이 흐른 뒤 마침내 그는 히사를리크 언덕이 전설 속 도시, 즉 트로이를 찾을 수 있는 장소임에 틀림없다고 생각했다. 그런데 17세기 이래 차낙칼레 지역에서 살아온 칼버트 가문의 일원이자 당시 영국 영사였던 프랭크 칼버트(Frank Calvert, 1828~1908)가 슐리만이 탐색 작업을 시작하기 전인 1863년부터 이곳에서 소규모 발굴을 진행하고 있었다. 칼버트 역시 히사를리크 언덕이 고고학 유적임을 깨닫고, 이 언덕이 트로이 유적이라는 것을 증명하려고 시도했다.

슐리만은 칼버트의 도움을 받아 트로이 발굴 작업을 시작했다. 1870년에는 《일리아드》 전설에 묘사된 도시 트로이가 히사를리크 언덕에 있다는 것을 확인하기 위한 첫 번째 유적 조사 작업에 착수했다. 대규모 발굴이 지속적으로 이루어졌고, 1871~1873년, 1878년, 1879년, 1890년에 각각 발굴 조사가 있었다. 1890년에 슐리만이 갑자기 사망하자 그의 동료였던 건축가 빌헬름 되르프펠트(Wilhelm Dörpfeld, 1853~1940)가 슐리만의 아내였던 소피아의 재정 후원으로 1893년과 1894년에 발굴 조

그림 6 슐리만이 발굴할 당시 히사를리크 언덕(북쪽에서 바라본 모습)

그림 7 85세 당시 빌헬름 되르프펠트

사를 실시했다.

　오로지 호메로스의 트로이를 발견하겠다는 강렬한 야망 탓에 슐리만은 발굴 과정에서 트로이와 관련 없다고 생각한 많은 문화층을 파괴했다. 또한 '프리아모스의 보물'을 포함해 1873년에 발견한 많은 유물들을 해외로 밀반출했으며, 이 때문에 '보물 사냥꾼'이라는 비난을 받았다. 하지만 슐리만은 발굴 조사 후반기에 자기 실수를 깨달았고, 프랭크 칼버트와 빌헬름 되르프펠트가 수립한 고고학 층위를 인정했다. 이러한 관점에서 트로이 발굴은 선사 고고학의 출발점으로 여겨지게 됐다. 히사를리크 언덕의 유적 축조 순서는 대체로 되르프펠트의 연구에 따라 I층에서 IX층으로 구분된다.

　19세기에 칼버트와 슐리만, 되르프펠트가 행한 발굴에서 발견된 유물들은 이스탄불, 아테네, 베를린의 박물관으로 흩어졌다. 베를린에 있던 1만 점이 넘는 유물 중 일부가 37군데 이상의 대학과 박물관에 기증돼 교육을 위한 목적으로 이용되고 있다. 그러다 제2차 세계 대전 기간에 '프리아모스의 보물'을 포함한 트로이 출토 유물들이 베를린에서 사

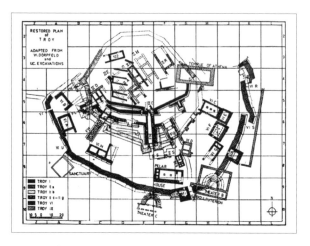

그림 8 되르프펠트의 발굴 조사 후 추정된 트로이의 도시 구조

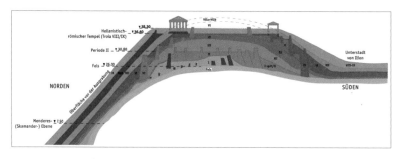

그림 9 9개의 다른 층위로 구분된 히사를리크 언덕의 체계적 단면도

라졌다. 대략 50년이 지나 소련 군인이 이 유물들을 일종의 전리품으로 삼아 모스크바와 상트페테르부르크로 옮겼다는 사실이 밝혀졌다. 1998년 모스크바에서 전시된 트로이의 보물들은 현재 모스크바 푸시킨 박물관에 소장되어 있다.

그림 10 60세 당시 칼 블레겐

되르프펠트의 발굴 이후, 20세기 최초로 트로이를 발굴한 것은 미국 신시내티 대학 칼 블레겐(Carl W. Blegen, 1887~1971)이었다. 1932~1938년에 이루어진 발굴 조사 때는 당시 가장 선진적인 기법을 적용했으며, 전체 유적은 총 46개의 축조 단계로 구분됐다. 1950년대 블레겐이 트로이 발굴 조사에서 얻은 결과를 토대로 출간한 논문들은 아나톨리아와 에게해 지역 고고학에 관심을 가진 모든 연구자에게 가장 중요한 지침서가 됐다. 블레겐이 이끌었던 발굴 조사에서 발견된 유물들은 현재 이스탄불 박물관과 차낙칼레 고고학 박물관에 소장되어 있다.

50여 년 뒤인 1988년 트로이에서 새로운 발굴 조사가 시작됐다. 이 발굴은 튀빙겐 대학 오스만 코프만(Manfred Osman Korfmann, 1942~2005)이 주도했다. 2005년 갑작스럽게 사망하기 전까지 그는 발굴 조사뿐만 아니라 복원과 기록 작업에도 집중했다. 트로이 성채 내부에서 진행된 발굴 조사에서 이전에 문제시됐던 층위와 관련한 문제가 해결됐으며, 지표 조사와 성채 밖에서 진행된 발굴 조사 결과를 토대로 트로이 I기부터 VII기에 이르는 시기에 걸쳐 트로이가 더 넓은 도시 구조(이하 구도시)를 가지고 있음이 확인됐다. 따라서 트로이는 원래 생각됐던 것보

그림 11 기원전 2980년부터 대략 서기 500년까지의 히사를리크 언덕

다 열 배 이상 큰 규모를 가진 취락이었음이 밝혀졌다.

그림 12 트로이에서 만프레드 오스만 코프만

더욱이 루비아어(Luwian language)^{인도 유럽}

어족에 속하며 아나톨리아 지역에서 사용된 고대 언어로 고대 히타이트

어와 깊은 친연 관계가 있다. ─ 역주로 새겨진 인장은 트로이에서 발견된 가장 오래된 문자 기록으로, 트로이와 히타이트 제국 사이의 관계를 해명하는 데 단서를 제공했다. 또한 히타이트 문헌에 등장하는 윌루사(Wilusa)와 일리움(Ilium) 또는 일리오스(Ilios, 트로이)가 하나의 도시를 가리킨다는 가설에 좀 더 힘을 실어 주었다.

그림 13 트로이 VI기 성채(붉은색)와 트로이 VIII기부터 XI기까지의 도시 구조(파란색)를 저지대 마을과 함께 표시했다.

그림 14 루비아 문자가 새겨진 트로이 VIIb기 인장

구 도시에서 발견된 방어 시설(해자와 방어 성벽)을 트로이 평야에서 행한 지형학적 조사 결과와 관련지어 살펴본 결과, 고고학자들은 고고학 유적과 이 유적을 둘러싼 자연환경이 《일리아드》에 묘사된 고대 트로이 및 그 주변 경관과 대체로 일치한다는 결론을 내렸다.

그림 15a 후기 청동기 시대 방어용 도랑 발굴 모습

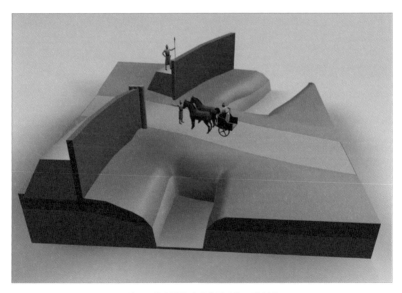

그림 15b 후기 청동기 시대 방어용 도랑 복원도

2

고대 트로이 유적의 흔적들
THE RUINS OF TROY

트로이의 열 개 도시

지리적 편리함과 이점 덕분에 고대 트로이에는 3천 년 이상 주거지가 지속적으로 축조됐다. 햇볕에 말린 어도비 점토짚과 섞어 만든 점토 — 역주로 만든 벽돌을 사용해 집과 성벽 일부를 축조했다. 이러한 건축 재료는 동쪽 중근동 지역에서 널리 사용된 반면, 유럽에서는 거의 채택되지 않았다. 어도비 점토를 쌓기만 하면 되므로, 지속적으로 축조가 가능한 이 방식에 따라 원래 있었던 집의 벽돌 위에 새로운 집이 축조됐다.

따라서 앞서 축조된 주거지의 남아 있는 부분들은 새로운 주거지의 방을 만들면서 위치가 재조정되고, 원래 있었던 기초(구 주거지) 상면에 벽이 세워진다. 연속적으로 주거지가 축조되면서 이것은 주거지 위치가 계속 높아지는 원인이 된다. 이러한 건축 전통 때문에 고고학자들은 '주거지가 축조된 언덕'에서 후대 유물(상층 축조 면에서 발견되는 유물)과 이전 시기 유물(하층 축조 면에서 발견되는 유물)을 구분할 수 있게 됐다.

그림 16 1794년 당시 서쪽에서 바라본 히사를리크 언덕

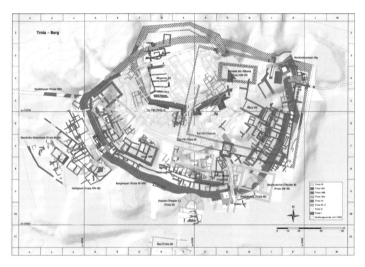

그림 17 트로이 I기부터 VI기를 거쳐 IX기에 이르기까지 트로이 성채의 발전 과정

　　히사를리크 언덕에 발견된 유적 가운데 이른 시기(트로이 I기부터 트로이 VII기이며, 초기 청동기에서 초기 철기 시대에 해당한다)에 속하는 7개 층위 주거 유적은 실제로 50개 이상의 축조 단계로 이루어져 있다. 이 유적들 위에 고대 그리스 도시 유적의 흔적(트로이 VIII)과 일리움이라고 불

리는 고대 로마 도시(트로이 IX)가 있으며, 다시 그 모든 주거 유적 위에 비잔틴 시기 주거 유적(트로이 X)이 있다. 이러한 과정을 통해 여러 층위로 이루어진 높이 15미터 이상의 인공 언덕이 만들어졌다.

트로이 I~III기, 기원전 2920~2200년
― 해양 트로이 문화

이 문화는 마르마라해(Marmara) 보스포루스 해협과 다르다넬스 해협 사이의 바다로, 흑해와 에게해를 연결한다.―역주 연안 지역과 이 바다에 위치한 여러 섬에서 발견된다. 그러나 해양 트로이 문화의 상업적, 문화적인 관계망은 훨씬 더 먼 지역까지 확대돼서, 지중해(몰타)부터 남동부 유럽(불가리아)까지, 아나톨리아(에스키셰히르 지역)와 심지어 중앙아시아 지역에까지 미친다. 이 시기 주거 유적은 주로 해안가에 위치해 있기 때문에 코프만은 트로이 I기부터 III기까지의 주거 유적을 '해양 트로이 문화'라고 명명했다.

이 주거 유적은 마을 형태의 구조를 가지고 있지만, 그럼에도 다듬어지지 않은 돌을 사용해 만든 방어 성벽이 있으며, 이 성벽에는 여러 번에 걸쳐 보수되거나 보강된 흔적이 있다. 사각형 망루를 가진 남쪽 성문은 당시 아나톨리아 건축 구조에서 가장 중요한 출입구 시설 중 하나이다. 이 주거 유적 북쪽 구역에서 열을 이룬 장방형 주거지들이 발견된 바 있다. 이 주거지들의 규모와 형태를 고려했을 때 주거지 102호는 대체적으로 가장 오래된 메가론(Megaron) 사각형의 건물 평면과 입구, 중앙 홀로 구성된 건물―역주 구조 건물로 여겨진다.

한편 당시 농업, 목축, 어로는 생계 경제의 주요 수단이었다. 부분적

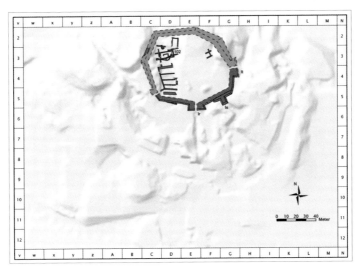

그림 18 트로이 I기(기원전 2980~2400년경, 초기 청동기 시대) '슐리만 발굴갱'에서 보이는 가장 이른 시기의 점유면

으로 하얀색이 들어가고 새김 문양이 있는 암흑갈색 토기가 이 시기의 특징적인 토기이다.

트로이 II기, 기원전 2550~2250년
— 초기 청동기 시대 II기

이 시기 도시는 인상적인 성채를 갖고 있으며, 멀리 떨어진 섬들과 접촉하는 중심 기지 역할을 한다. 도시는 900평방미터 면적에 퍼져 있으며, 330미터 길이 성벽으로 둘러싸여 있다. 경사진 돌 위에 세워진 이 성벽은 어도비 벽돌로 만들어졌고, 높이는 약 6미터에 이른다. 앞서 언급한

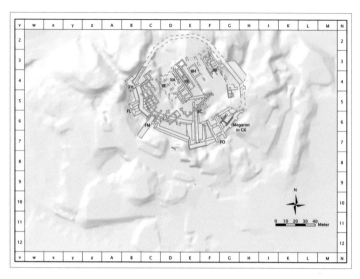

그림 19 트로이 II기 성채 모습

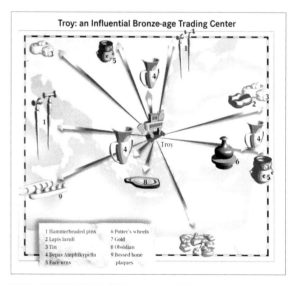

그림 20 원재료와 문화적 자취를 토대로 추정한 청동기 시대 트로이의 교역망

그림 21 트로이 II기 도시 복원도

것처럼 전면에 현관(메가론)이 있는 직사각형의 인상적인 건물들은 아트리움(안마당)을 가진 고대 그리스 신전의 선구적인 형태로, 예배나 만남을 위한 장소로 기능했다. 기념비적으로 매우 웅장한 남동쪽과 남서쪽

그림 22 트로이 II기의 데파스 암피키펠론 양식 토기

성문 앞에는 잘 포장된 바닥과 측면 난간이 있다. 슐리만의 발굴 조사 과정에서 20개 이상의 '보물들'(여기에 '프리아모스의 보물'이 포함되어 있다)이 불에 탄 궁전과 행정 건물의 폐허에서 발견됐다. 축조 단계에서 세 번의 대형 화재가 있었다는 사실도 확인됐다. 당시까지 메소포타미아와 이집트 외에는 거의 발견된 바가 없는, 매우 뛰어난 수준의 공예품들은 먼 도서 지역과의 교역을 증명해 준다. 특히 이 트로이 시

기에 해당하는 문화층에서 빈번하게 발견되는 거푸집은 무기의 대량 생산, 즉 새로운 군사력이 출현했음을 말해 준다. 구리와 주석의 합금인 청동을 제작하는 데 필요한 주석은 중앙아시아 같은 먼 지역에서 가져와야만 했다. 토기 제작에서 물레의 사용이 증가했다는 것은 취락 내에서 생산이 전문적으로 이루어진 동시에 인구가 증가했다는 신호이기도 하다. 또한 이 시기에는 다양한 지역에서 와인 주조와 관련된 긴 몸체와 두 개의 손잡이를 가진 잔(Depas amphikypellon, 데파스 암피키펠론 양식)이 자주 관찰된다.

소위 '불타 버린 도시' 트로이는 선사 고고학에서 가장 기념비적인 것 중 하나이다. 비록 처음에 슐리만은 이 흔적들을 호메로스가 《일리아드》에서 묘사한 고대 도시 트로이(일리움)의 흔적으로 믿었으나 발굴 조사가 진행됨에 따라 새로운 증거들이 발견됐고, 이를 바탕으로 자기 실수를 인정했다. 슐리만이 '프리아모스의 보물'이라고 잘못 명명한 유물들은 호메로스가 묘사한 트로이, 즉 트로이 VI기 혹은 VII기보다 1,250년 이상 이전 것이라는 사실이 밝혀졌다

1988년 이후에 시작된 발굴에서 9만 평방미터 영역에 걸쳐 있으며 인상적인 목조 방조 시설로 둘러싸인 저지대 도시가 트로이 II기 성채 남쪽에서 발견됐다.

트로이 III기, 기원전 2250~2220년
− 초기 청동기 시대 II기

트로이 III기에 해당하는 유물들은 트로이 II기 유물과 크게 다르지 않으

그림 23 1873년 슐리만 발굴 조사 당시 트로이 모습

며, 이 두 시기 사이에 강한 문화적 연속성이 있음을 보여 준다. 다만 한 가지 중요한 차이는 성채 안 건물들이 트로이 II기에 비해 좀 더 작은 규모로 축조되며, 건물 사이 거리도 줄어들어 더 근접해서 건물이 세워진다는 점이다.

트로이 III기는 최소 네 단계로 구분되는데, 이는 II기에서 III기로 빠르게 전환되었음을 의미한다. 그러나 트로이 III기는 앞선 시기부터 매우 익숙하게 벌어졌던 치명적인 화재로 결국 사라진다. 그러한 재난이 당시 생활 조건을 매우 어렵게 한 것으로 생각되며, 성채 안에 건물들이 밀집해서 분포하는 결과를 낳았다. 일부 '보물'들이 이 시기에 속하는 것으로 판단된다.

트로이 IV기와 V기, 기원전 2200~1740년
— 초기 청동기 시대 III기, 중기 청동기 시대의 시작

이 시기의 첫 번째 층인 트로이 IV기는 '아나톨리아 트로이 문화'로도 알려져 있다. 몇몇 문화적, 기술적 혁신에도 불구하고 이전 시기, 즉 트로이 I~III기와 유사성이 있음이 확실하다.

당시 성채가 위치해 있던 언덕 위에 자리 잡은 취락은 1만 8천 평방미터 면적으로 확대됐다. 이전 발굴 조사에서는 이 시기에 대한 내용이 거의 알려져 있지 않았는데, 아나톨리아 다른 지역에서 발견된 것과 유사한 형태의 건축물과 토기 때문에 '아나톨리아 트로이 문화'로 불릴 수 있다. 1988년 이후에 행해진 발굴 조사에서 트로이 IV기에 해당하는 문화층에서만 일곱 차례에 걸친 연속적인 화재의 흔적이 확인됐다. 가옥이 사각형 형태로 서로 연접해 지어지면서 가옥 축조 스타일도 변했다. 이는 중앙 아나톨리아에서 발견되는 일반적인 가옥 형태로, 두 집이 하나의 벽을 공유하며 그 벽은 두 집을 동시에 덮는 편평한 지붕을 지지한다.

트로이 IV기 취락 구조는 중앙부로 향하는 좁은 도로로 체계적으로 구획되는 건물들로 이루어져 있다. 건물 주축 방향의 변화 외에 이 시기 취락은 트로이 I~II기와 크게 다르지 않다.

트로이 IV기의 가장 중요한 혁신은 천장이 있는 폐쇄형 화덕의 등장이다. 노지에서 폐쇄형 화덕으로의 변화는 이 시기에 조리 전통의 변화가 있었음을 보여 준다. 대각이 달린 토기가 평저 토기로 대체된다는 사실은 식습관 변화의 결과이기도 하다. 비록 트로이 IV기와 V기 문화가 트로이 M 주거 유적트로이의 대표적인 주거 유적과 성벽인 VI기 M 주거 유적을 의미한다. 그림 30 참조 - 역주 유물 및 건축 구조와 비교해 크게 차이가 없다고 하더라도 이어

그림 24 트로이 I기~IX기까지 트로이 유적 복원도

등장하는 '트로이 문명'의 토대가 마련되는 시기는 이 500여 년의 기간이다. 이 시기에 트로이는 10미터 높이에 이르며 언덕을 형성했다. 그러나 이 시기 유적 대부분은 후대, 즉 트로이 VI기의 거대한 도시를 위해 건설된 방어 성벽 축조 과정에서 파괴됐다.

트로이 VI기, 기원전 1740/1730~1300년
─ 중기 청동기 시대, 후기 청동기 시대

트로이 VI기는 전체 트로이 문명 중 가장 발전한 단계이다. 히타이트가 '윌루사'라 부른 트로이는 당시 행정과 상업 중심지였다. 2만 평방미터에 걸친 성채를 포함하는 이 왕국의 새로운 중심지를 건설하는 과정에서 이전 시기에 축조된 건물들은 완전히 무시됐다. 당시 트로이는 트로아스 (Troas), 즉 비가(Biga)반도 _{아나톨리아 북서부 지역 반도로, 고대에는 트로아드 혹은 트로아스}

그림 25 트로이 VI기 성벽과 동쪽 망루 및 동문

로 알려졌다. ─ 역주에서 알려진 도시 가운데 가장 큰 규모의 취락이다. 이 시기 트로이는 지정학적 위치 덕분에 동지중해 정치 시스템에서 중요한 위치를 점하고 있었다. 4~5미터 폭과 6미터 높이를 가진 방어 성벽은 사각형 돌로 축성됐으며, 여러 개의 망루와 부벽이 세워졌다. 이러한 석축 방어 성벽 위에 어도비 벽돌로 만들어진 상부 구조가 추가돼 전체 성벽 높이가 10여 미터에 이르렀다.

　　도시 방어 성벽이 지닌 가장 중요한 특징 가운데 하나는 돌 단면을 톱니 모양으로 다듬어 서로 맞물리게 하는 석축 기술을 이용해 성벽을 쌓았다는 점이다. 돌들을 일정한 높이로 쌓는 대신 다양한 고저 차를 두는 축조 방식을 사용한 덕분에 200×300미터 면적을 둘러싸고 있는 높은 성벽이 지진에 견딜 수 있었던 것으로 추정된다. 이 성채는 다수의 성문과 통로를 통해 접근이 가능했다. 정문은 남문으로, 망루와 문 앞에 수직으로 세워진 대략 1.5미터 높이 돌기둥으로 보호받았다. 여기에서 시작되는 돌로 포장된 도로는 언덕 중앙부로 이어졌다. 성채 내 건물들

그림 26 트로이 VI기 모형. 이 도시는 호메로스의 트로이 혹은 히타이트 문헌에서 일리오스의 도시, 타루이사, 윌루소 등으로 명명됐다.

그림 27 트로이 VI기 북동쪽 보루 복원도

은 성벽 너머 원형 테라스 위에 축조됐다. 도시 성벽 내부와 도시 중심부 가장자리 또는 아크로폴리스에 대형 건물과 복수의 메가론이 위치해 있는데, 그 가운데 몇몇 건물은 대략 2층 높이 정도에 해당했다. 내부로 약간 기울어진 벽을 가진 VI기의 M 주거 유적과 서쪽의 VI기 A 메가론이 특히 눈에 두드러진다. 이 초기 단계에는 궁전만으로 구성된 성채 취락이 있었던 것으로 보인다.

중앙 궁전 주요 구조물들은 도시 중심에 위치했던 것으로 생각된다. 이 건물들의 나머지 부분은 기원전 3세기 트로이 VIII기에 아테네 신전을 축조하는 과정에서 완전히 파괴됐다. 중앙 행정 조직이 계획한 이러한 인상적인 건물군은 1893년과 1894년 사이에 되르프펠트가 주도한 발굴

그림 28 남쪽에서 바라본 트로이 VI기 성벽 남문과 망루, 돌기둥, 배수구를 가진 도로

그림 29 트로이 VI기 트로이 성채와 저지대 도시 복원도

그림 30 트로이 VI기 M 궁전 가옥

그림 31 트로이 VI기 M 궁전 가옥 복원도

그림 32 1893년 촬영한 트로이 VI기 M 궁전 가옥

그림 33 1894년 촬영한 트로이 VI기 대규모 성벽과 트로이 VIIb기 성벽

과정에서 발견됐으며, 호메로스의 트로이 또는 일리움(기원전 13세기)을 구성했던 것으로 믿어져 왔다. 이 시기 취락은 강력한 지진 때문에 파괴된 것으로 추정된다.

1988년에 코프만이 시작한 발굴 조사에서는 특히 기원전 2000년대 트로이 성채 외곽에 위치한 저지대 도시 유적을 찾는 데 초점을 맞추었다. 이 발굴을 통해 성채의 남쪽 400미터 지점에서 저지대 도시 유적을 발견했다. 이 저지대 도시는 주요 암반에 새겨진 U자형 방어용 도랑으로 둘러싸여 있는데, 이 도랑은 전차가 넘어오지 못하게 하는 일종의 방어용 장벽과 같은 역할을 하는 것으로 추측된다. 성채와 저지대 도시, 방어 체계 덕분에 이 시기 트로이 도시는 동방의 서편 지역, 최소한 아나톨리아 전체에서 가장 규모와 세력이 컸으며, 인구는 7천 명 정도에 달했던 것으로 추정된다.

이 시기에 자주 발견되는 회색 토기는 그리스에서 키프로스까지 제작되어 유통되던 사치품이었다. 이 형식 토기는 같은 형태의 은기를 본뜬 모방품이었을 가능성이 매우 크다.

당대 취락에서 나타나는 역동성은 트로이의 지정학적 위치와 직접적으로 관련이 있다. 트로이에서 발견되는 수많은 거푸집은 이때 금속 제품이 생산되었음을 증명해 준다. 따라서 넓은 교역망과 함께 이곳에서 생산된 것이 확실한 금속 제품은 트로이 경제를 뒷받침했던 원동력이자 엄청난 부의 근거가 됐다.

그림 34 남쪽에서 바라본 성채의 항공 사진

후기 트로이 VI기, 트로이 VII(VIIa)기

이 시기 동안 트로이의 중요성은 아히야와(Ahhiyawa) 왕국《일리아드》에 등장하는 아카이아인, 즉 미케네 시기 그리스인일 가능성이 크다. ─ 역주과 히타이트 사이에서 벌어진 권력 투쟁 결과 더욱 커졌다. 아나톨리아와 에게해 지역에서 등장한 정치적 긴장과 함께 새로운 건설 프로젝트가 트로이 전역에 걸쳐 시작됐다. 방어 성벽이 축조됐고, 저장 창고가 만들어졌으며 히타이트와의 조약이 체결됐다. 기원전 1200년대는 이 지역에서 중요한 사건들이 일어났던 시기이자 긴장이 고조되던 시기였다.

되르프펠트는 한참 후에 층위에 대한 그의 해석이 잘못되었다는 점을 깨달았다. VIIa기가 VII기로 바뀌어야 하고, 심지어 VIIb1기 또한 VII

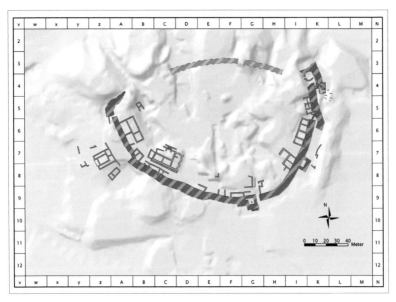

그림 35 트로이 VI기, 기원전 17~13세기, 중기 및 후기 청동기 시대

기로 바뀌어야 한다고 주장했다. 새로 확인된 정보에 비추어 보았을 때 그의 가설이 옳았음을 확인할 수 있다. 다른 한편 블레겐은 화재로 불타 버린 트로이 VIIa기 도시가 《일리아드》에 묘사된 트로이 혹은 일리움이 었음을 확인했다.

1988년에 이어진 발굴에서는 기원전 1300~1180년(후기 청동기 시대)이 호메로스의 트로이 또는 (윌)일리오스/타우(위)이사/윌루사와 같은 시기임이 증명됐다.

위에서 언급한 정치적 긴장은 트로이 건축물에서도 역시 관찰된다. 예를 들어 이전 시기에 개방되어 있던 성문들은 이 시기에 굳게 닫혀 있었다. 성채 내외부를 막론하고 취락에는 더욱 많은 사람들이 거주했다. 트로이/윌루사 도시는 VI기 도시가 지진으로 파괴된 지 100여 년 뒤인 기원전 1180년경에 파괴됐다. 그러나 이때의 파괴는 전쟁의 결과였다. 만약 고고학적 관점에서 트로이 전쟁 시기의 도시를 확인하고자 한다면 우리는 자신 있게 이 시기 취락이 바로 그것일 가능성이 가장 높다고 말할 수 있다.

트로이 VII(VIIb1) 전환기, 기원전 1180~1130년
— 초기 철기 시대로의 전환

전쟁 결과 일어난 것으로 보이는 대규모 파괴와 그 이후 단기간에 걸친 전환기에는 이전 시기의 건축물과 토기 형식이 부분적으로 지속됐다. 인근 지역 취락에서 이주해 온 것으로 추정되는 이 시기 도시 거주민들은 앞선 시기 주민과 같은 문화에 속했다. 손으로 제작한 엄청난 수의 토기

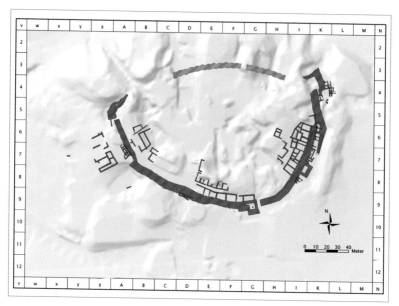

그림 36 트로이 VII기, 기원전 12~11세기, 후기 청동기 시대부터 초기 철기 시대

가 이 시기 트로이 도시 유적에 등장했다. 즉 토기 제작에 물레가 처음 사용된 지 천여 년이 지난 시기에 등장했다는 사실이 주목된다. 이전 시기 도시 흔적 위에 도시를 재건하는 작업은 여전히 스스로를 트로이인으로 여겨 온 하층민에 의해 진행됐다. 안타깝게도 이 취락은 알려지지 않은 이유로 촉발된 재앙 때문에 사라졌다.

트로이 VIIb2기, VIIb3기, 기원전 1150~950년
— 초기 철기 시대, 발칸 지역 영향하에 있던 트로이 문화

트로이의 수준 높은 문화가 연속적인 지진, 화재, 전쟁 등으로 사라진 뒤 트로이 VIIb기의 두 번째와 세 번째 단계에서는 고대 전통적인 문화 요소와는 다른 새로운 문화 요소를 가진 문화가 발전했다.

돌림판을 사용해 만든 토기 외에도 새로운 형태의 토기가 갑자기 많이 등장했다. 독특하고, 손으로 만들었으며, 홈과 손잡이가 있는 이 토기는 발칸반도 북동부와 흑해 서쪽 연안 지역 버클 토기(Buckle Ceramic) 한 개 혹은 두 개의 손잡이가 있는 항아리류 — 역주에서 유래됐다.

건축을 살펴보면 작은 규모 건물들은 성채 밖뿐만 아니라 안에도 집중적으로 축조됐다. 이 시점부터 방어 성벽은 더 이상 원래 목적을 위해 사용되지 않았다. 트로이 VIIb단계에서 성벽 하부는 오르토스타트(Orthostats)라고 불리는, 수직으로 서 있으면서 불규칙하게 놓여 있는 석재로 덮였다. 이 문화층은 트로이 VIIb3층으로 알려진 축조 단계와 함께 사라졌다.

취락 축조 단절기, 기원전 950~720/700년

수천 년간 트로이에서 지속적으로 축조됐던 취락이 대략 기원전 950년부터 250여 년 동안 축조되지 않았다. 이 후기 청동기 시대 트로이는 폐허 상태로, 방어 성벽과 궁전의 흔적만 남아 있었다.

트로이 VIII기, 기원전 700~85년
― 그리스 일리온, 고전기부터 헬레니즘기

이 시기에 트로이 도시는 전체적으로 버려졌다. 그러나 성채 서쪽에 있던 성소에서 발견된 공헌물에서 알 수 있듯이, 트로이는 호메로스 시기에도 이전 시기에서처럼 신성한 도시로 여겨졌다. 특히 '트로이의 폐허'는 기원전 3세기 이래로 트로이 전쟁이 일어난 '일리온의 성스러운 도시'로 매우 존경받았다. 성채 안에 있는 아테네 신전과 도시 서쪽에 있던 성소에서는 종교적 숭배 행위가 열렸다.

이 시기에 존재했던 여러 도시 가운데 하나인 일리온은 지역 정치 및 종교 중심지가 됐다. 언덕 남쪽 드로이 VI/VII기 저지대 도시 폐허 위에

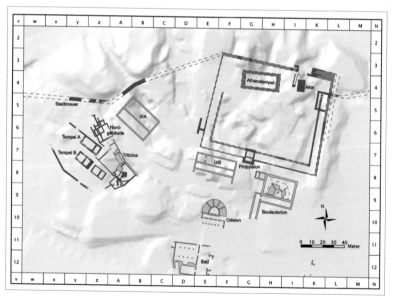

그림 37 트로이 VIII기 후기, 헬레니즘 시기 일리온(짙은 파랑색)과 트로이 IX기 로마 일리움(엷은 파랑색)

그림 38 트로이 IX기 로마 일리움 복원도

새로운 저지대 도시가 건설됐다. 기원전 3세기 말에 이 취락은 직각으로 교차하는 거리와 3.2킬로미터에 이르는 방어벽을 가진 잘 계획된 도시로 발전했다. '일리온의 성스러운 도시'는 로마 제국 내의 분쟁 결과 기원전 85년 로마 장군 핌브리아(Gaius Flavius Fimbria, 기원전 ?~84)에 의해 완전히 파괴됐다.

트로이 IX기, 기원전 85~서기 500년
— 로마 일리움

아테네 신전은 자기 계보의 기원이 트로이의 아이네이아스까지 거슬러 올라간다고 믿었던 로마 황제 아우구스투스의 통치하에 재건됐다. 축조 및 보수 작업은 도시 전체에 걸쳐 이루어졌다. 이 시기에 오데이온이라 부르는 작은 극장이 새로 건축됐으며, 이후 하드리아누스 황제와 카라칼라 황제에 의해 보수됐다. 대형 극장(극장 A)이 신전 구역 북서쪽에 신축됐는데, 이 극장 가운데 현재까지 남아 있는 것은 거의 없다. 18세기와 19세기에 인근 지역에 살았던 마을 주민이 다른 곳에 사용하려고 석재를 뜯어 갔기 때문이다.

저지대 도시는 더욱 확대됐다. 이전의 규격화된 취락 구조는 여러 차례에 걸쳐 중수됐으며, 3.6킬로미터의 훌륭한 방어 성벽으로 둘러싸여 있다. 시간이 지나면서 좀 더 작은 규모의 취락으로 바뀐 트로이 도시는 서기 500년경 대규모 지진으로 파괴됐다. 서기 4세기 초반 비잔틴 제국 콘스탄티누스 대제가 일리움으로 수도를 옮길 계획을 세웠으나 이 계획은 정치 및 경제적 이유로 실현되지 않았다.

그림 39 트로이 IX기 오데이온 복원도

그림 40 아테나 신전 현관 복원도

트로이 X기, 서기 12세기 및 13세기
— 비잔틴 일리온

일리온은 서기 4세기 중반까지 기독교 중심지로서 지속적으로 기능했다. 그러다가 500년경 재앙에 가까운 지진이 발생한 뒤 사람이 살고 있지 않고 버려진 채 남겨졌다. 12세기 이후에야 새로운 취락이 세워졌던 흔적을 찾을 수 있다. 특히 그리스 로마 성소와 옛 취락의 경계에서 많은 양의 장례와 관련된 유물들이 발견됐다. 이는 당시 취락의 인구 밀도에 대한 간접적인 근거가 된다.

그러나 콘스탄티노플 성소피아 성당이 기독교 중심지가 되자 일리온, 즉 트로이는 잊히기 시작했다. 14세기 밀 오스만 세국이 이 지역을 정복한 이래, 기억 속에서 완전히 지워진 것은 아니었지만 도시는 서서히 잊혀졌다.

3

트로이와 히타이트 제국
TROY AND THE HITTITE EMPIRE

그림 41 트로이 VI기(기원전 13세기) 트로이 성채 복원도. 남동쪽에서 임로즈섬과
사모트라케섬을 바라본 모습

아나톨리아에서 문자로 기록된 역사(서) 가운데 가장 이른 히타이트 제국의 기록들은 현대와 매우 유사한 정치적 갈등이 히타이트 제국 동쪽과 서쪽 변경에서 자주 발생했다는 사실을 잘 보여 준다. 이런 점에서 트로이와 히타이트의 관계는 많은 역사적 사실을 전해 준다.

서아나톨리아 지역을 통제했던 트로이 왕국은 당시 아나톨리아 지역 초강대 세력인 히타이트와의 관계가 평화로웠을 때 짧은 평화를 누릴 수 있었다. 토기나 건축, 신앙 체계 등과 같은 문화적 특징으로 알 수 있듯이 트로이는 아나톨리아 도시 중 하나였으며, 히타이트 제국과의 관계가 말해 주듯이 정치, 지리학적 측면에서도 수천 년 동안 아나톨리아에 속했다.

트로이와 히타이트 제국의 관계 및 히타이트 문헌에서 트로이를 호칭하는 데 사용된 이름에 관한 연구가 20세기 초에 시작됐는데, 이러한 연구를 통해서도 트로이와 아나톨리아의 관계를 알 수 있다. 히타이트 제국 문화 지리를 지도화할 때 윌루사(Wilusa)라는 이름이 심각한 문제를 야기했다. 윌루사의 위치를 특정하기 어렵기 때문이었다. 히타이트 문헌에서 윌루사라는 이름은 투드할리야 1세 대왕(The Great King Tudhalija I, 기원전 1420~1400) 시기 문헌에 처음 등장한다. 이 문헌에서 투드할리야 1세가 아르자와(Arzawa)기원전 2000년 후반 서아나톨리아 지역에 있던 지역 혹은 정치체 이름 — 역주를 치고자 벌인 군사 작전을 상세히 묘사하는 과정에서 윌루사라는 이름이 언급된다. 윌루사는 투드할리야 1세보다 100여 년 전에 살았던 하투실리 1세(Hattusili I, 기원전 1565~1540) 치세 당시 히타이트 제국에 대항해 싸웠던 아르자와 정치체들과 관련이 있었음에 틀림없다. 이 문헌이 해독된 뒤 연구자들은 아르자와의 여러 정치체가 어디에 위치했는지에 대한 연구를 시작했다. 1950년대 처음으로 미라(Mira), 세하(Seha), 윌루사 등과 같은 아르자와 정치체들이 서아나톨리아에 위치한 것으로 파악됐고, 이후 가스탕J. Garstang, 1876~1956, 리버풀 대학 교수이자 영국 중근동 지역 고고학자 — 역주과 그루니O.R Gruney, 1911~2001, 옥스퍼드 대학 교수로 영국 히타이트 문헌학자이자 고고학자 — 역주는 이 지역 수도인 아파사스(Apasas, 현재 그리스 후기 에페소스라고 여겨진다)가 남쪽으로는 뷔웍 멘드라스 계곡Büyük menderes, 터키 서남부 지역에 있는 계곡 — 역주과 북쪽으로는 헤르모스 계곡Hermos, 터키 서남부 지역에 있는 계곡 — 역주 사이에 있었던 것으로 파악했다. 이 위치는 1997년 프랭크 스타크Frank Starke, 독일 튀빙겐 대학 교수로 고대 중근동학 연구자 — 역주와 데이비드 호킨스David Hawkins, 런던 대학 동양 및 아프리카 연구소 소속 연구원으로 고대 중근동학 연구자 — 역주가 독자적으로 행한 연구에서도 확인됐다. 이러한 노력을 통해 최종적으로 윌루사의 위치와 관련한 질문에 대해 만족할 만한 해답을 얻었다.

투드할리야 1세의 군사 작전에 관한 문헌에 따르면, 왕은 아르자와 정치체들과 인근 지역을 정복하고 하투샤로 돌아오는 도중 전쟁을 선포했던 다른 적국들을 포위해 무력화시켰고, 왕은 노예와 소를 취했다고 기록에 남아 있다. 이 사건은 투드할리야 1세에 의한 아수와(Assuwa), 그리스어로 아쉬아(Aswia/Asia)이자 현대어로 아시아(Asia)와 남부 트로아스(Troas)트로아드의 다른 이름이자 현재의 비가반도를 가리키는 역사적 용어. 현재는 차낙칼레주 일부 — 역주 지역 고대 아소스(Assos)현재 차낙칼레주에 위치한 부유한 그리스계 도시 중 하나 — 역주의 정복이라고 기록되었다. 하지만 이 문제는 논란의 여지가 큰 주제이기도 하다.

투드할리야 1세에게 전쟁을 선포한 곳으로 대략 20개국이 언급되어 있는데, 그 이름은 아수와 지역에 있던 다양한 규모의 행정 중심지로 받아들여졌다. 이 명단에 있던 마지막 두 이름이 윌루시야(Willusija, 윌루사의 또 다른 이름)국과 타루이사(Taruisa)국이었다. 어원학자 에밀 포러(Emil Forrer)와 파울 크레치머(Paul Kretschmer)는 1924년에 이미 윌루시야/윌루사는 투르할리야 왕의 군사 작전이 있은 지 700년이 지난 이후에 등장하는 이름으로, 기원전 730년경 호메로스가 쓴《일리아드》에 나오는 일리오스라고 주장했다. 또한《일리아드》에 등장하는 트로이아(Troia, 이오니아 방언으로 트로이에Troie로 쓰인다)는 히타이트 단어인 타루이사(히타이트어로 타루위사Taruwisa라고 발음), 트로위야(Trowija),

트로위사(Trowisa)에서 기원했으며, 동일한 장소를 의미한다고 주장했다. 가스탕과 구르니는 위에서 언급한 것처럼 1959년에 쓴 논문에서 이러한 주장을 받아들였다. 특히 지난 15년 동안 히타이트학, 고고학, 미케네학 등의 분야에서 이룬 성과에 따르면, 청동기 시대 구전 문학의 전통을 대표하는 호메로스 서사시에 등장하는 일리오스와 트로이에라는 이름은 기원전 2천 년 후반 아나톨리아에서 일어났던 역사적 사실과 사건에 근거하고 있다고 밝혔다.

1907년에 발견돼 1920년에 출판됐으며, 1922년부터 1924년까지 해독된 아락산두(Alaksandu) 조약을 통해 히타이트 역사에서 윌루사가 행한 역할에 대해 알 수 있다. 기원전 1280년에 히타이트 제국 무와탈리 2세(Muwatalli II, 기원전 1290~1272)와 윌루사 왕 아락산두 사이에 맺어진 이 조약으로 히타이트와 윌루사의 관계를 짐작할 수 있다. 총 21개 조항으로 이루어졌으며, 윌루사 왕 아락산두를 23차례나 언급하며 그를 '쿠쿠니(Kukkuni)의 계승자'라고 말하고 있다. 윌루사 왕 쿠쿠니는 무와탈리의 조부 수푸루리우마 1세(Suppululiuma I, 기원전 1355~1320)의 친구였고, 두 사람은 외교 사절을 교환했다. 또한 수푸루리우마 1세는 히타이트 제국 투드할리야 1세의 증손자이다. 조약에서는 '윌루사의 많은 외교 사절이 방문한 윌루사의 친구'라고 투드할리야 1세를 언급했다.

만약 아락산두 조약이 기원전 1280년에 체결됐다면, 이는 하투샤 왕국(히타이트 제국)과 윌루사 국가 사이의 친선 우호 관계가 조약이 체결된 시기보다 140년 앞서 시작됐음을 의미한다. 이러한 우호 관계가 오래 지속되었음을 말해 주는 또 다른 증거는 히타이트 제국 역사에서 기원전 1600년 이전 시기로 편년되는 '라바르나(Labarna)'히타이트 제국을 개국한 라바르나 1세의 이름 또는 히타이트 제국 초기 왕들의 일반 명사. 라바르나 1세의 경우 지중해에서 흑해에 이

그림 42 아락산두 조약

르는 광대한 영토를 정복했다고 전해진다. — 역주라는 명예로운 타이틀이다. 따라서 아락산두 조약의 체결 시기가 말해 주듯이 히타이트와 윌루사 국은 320여 년 동안 평화적인 관계를 유지했던 역사를 갖고 있다. 히타이트 제국의 공공 문서 점토판은 히타이트 제국 수도인 하투샤의 왕들이 전쟁 혹은 조약을 통해 남부와 서부 아나톨리아의 모든 국가를 그들의 통치하에 두기 원했다는 것을 보여 준다. 하투샤의 왕들은 어느 정도 이 목표를 달성했지만, 서부 아나톨리아 여러 나라의 왕들은 이에 저항했다. 저항이 일어났을 때 하투샤 왕은 이 지역에 대한 통제와 왕 자신의 권위를 다시 세우고자 군 사령관을 파견했다. 서부 아나톨리아 지역 여러 왕국의 이름들은 이러한 맥락에서 언급됐으며, 윌루시야 또는 윌루사 국은 이렇게 언급된 왕국 가운데 하나이다.

히타이트 제국 서쪽이자 아나톨리아 서부 지역에 위치한 이 왕국들 너머 바다 건너에는 아히자(Ahhija) 또는 아히자와(Ahhijawa) 제국이 있었다고 기록되어 있다. 히타이트 문헌은 이 제국의 왕이 중요한 존재이자 히타이트 제국의 위대한 왕들과 동격으로 여겨졌음을 말해 준다. 오랫동안 연구자들은 아히자와라는 이름이 그리스어 이름 아카이(워)오이(Akhai(w)oi)와 동일하다고 생각해 왔다. 호메로스는 자주 아카이오(Akhaio)라는 단어를 사용해 그리스인을 서술했다. 따라서 아히자와는 아마도 그리스 제국 또는 대미케네 제국을 의미한 것으로 추정된다. 비록 어원학적으로는 문제가 있지만, 많은 연구자들은 아히자와와 아카이(워)오이가 동일한 존재라고 받아들였다. 기원전 2000년경 아나톨리아 남서부 지역 해외 제국이 미케네가 아닌 다른 제국일 가능성은 거의 없다. 그러나 언급되는 제국이 로도스섬과 같은 섬에 있었는지, 아니면 미케네나 테베와 같이 그리스 내륙에 있었는지는 확실하지 않다.

기원전 1280년 윌루사/일리오스/트로이아 왕 아락산두와 히타이트 왕 무와탈리 2세 사이에 체결된 조약에 따르면, 아락산두 왕이 해야 할 일들은 서부 아나톨리아와 북부 시리아 제후들에게 요구됐던 것과는 다른 것이었다. 이 조약에 따라 윌루사는 히타이트 제국의 제후국이 됐으며, 히타이트 제국에 병합됐다. 히타이트 제국으로의 병합은 윌루사에게 내부 안정과 외부 세력으로부터의 보호를 제공했다. 이 조약이 맺어지고 몇 년이 지나 히타이트 왕 무와탈리 2세와 이집트 파라오 람세스 2세 사이에서 카데시 전투가 벌어졌다. 이 전투에서는 히타이트가 승리했다. 이집트 문헌들은 다르다니(Dardany), 즉 다르다노스(Dardanos, 신화에 따르면 트로아스 지역에 위치한 트로이의 주요 취락을 의미한다)라는 도시가 25대의 전차와 함께 히타이트를 위해 싸웠다고 언급하고 있다. 즉 그들이 체결한 조약에 따라 트로이 왕국은 아나톨리아와 이집트 전쟁에서 아나톨리아 편에 서서 싸웠다.

4

신, 황제, 《일리아드》와 정치

GODS, EMPERORS, THE ILIAD AND POLITICS

정치가와 군인이 트로이 전쟁에 관심을 갖는 이유는 트로이 전쟁이 동방 (중근동)에 대해 서양이, 아시아에 대해 유럽이 벌인 전쟁으로 해석될 수 있기 때문이다. 유사한 목적을 가진 정치가나 군인이 이 전설로부터 영감을 얻으려고 트로이 전쟁에 관련된 사람이나 사건을 찾는 현상은 어렵지 않게 발견할 수 있다. 전쟁 없이 인간이 살 수 있을까? 역사는 이 질문에

그림 43 기원전 560년경 만들어진 코린토스식 아리발로스(aryballos) (가는 목을 가진 플라스크 형 그리스 토기 — 역주)에 그려진 트로이 목마

대한 해답을 구하려는 노력에 그리 많은 희망을 던져 주지 않는다. 심지어 문자로 기록됐거나 구술로 전해지는 고대의 사례 대부분은 항상 전쟁을 언급한다. 서구 문학사에서 가장 오래된 작품 역시 전쟁에 대해 서술하고 있는데, 트로이 전쟁과 트로이의 멸망이 바로 그것이다.

수천 년 동안 트로이는 화염에 둘러싸인 도시의 상징이었다.《일리아드》전설은 전례 없는 분노와 무한한 슬픔, 모든 것을 바꾸어 버린 속임수, 파괴된 도시들과 희망을 포함하는 위대한 전쟁 서사시로 읽혀 왔다. 이러한 요소 때문에 우리는《일리아드》가 오랫동안 문학이나 예술뿐만 아니라 전쟁사와 정치사에도 영향을 끼쳤다고 느낀다.

호메로스가 쓴 '전설'은 단지 작품 서술 방식 이상으로 서술된 사건에 대한 현재의 이해에 영향을 끼친다. 호메로스는 거의 전지적 작가 시점에서 전쟁이 일어났던 장소들, 예를 들어 올림포스(Olympus), 아토스(Athos)산, 이다(Ida)산, 사모트라케(Semadirek)의 섬들, 임로즈(Imbros, Gökçeada, 괴크체아다)와 테네도스(Tenedos, Bozcaada, 보즈자다), 트로이 앞의 두 우물과 거대한 성문, 스카만드로스강(카라멘데레스강), 아카이아인이 그들의 배를 정박시켰던 항구의 군영들, 성난 바람 그리고 더 많은 것을 상세하게 묘사했다.

페르시아 통치기 동안 동방의 힘이 매우 강대해졌다. 기원전 480년 페르시아 왕 크세르크세스가 그리스를 정복하고자 강력한 군대를 이끌고 차낙칼레 해협(헬레스폰트)을 건너갔을 때, 크세르크세스는 트로이, 즉 프리아모스 성채를 방문했으며 일리온의 아테네 여신에게 소 천 마리를 제물로 바쳤다. 크세르크세스는 자기 자신을 동방인, 즉 트로이인으로 생각했다. 그 원문에 따르면 크세르크세스로 해석될 수 있으나 알렉산드로스 대왕이 동방 원정을 시작했을 때 페르시아 제국 왕은 다리우스 3세였다. ─ 역주는 기원전 334년 서양인 알렉산

그림 44 바이라믹 인공호에서 바라본 이다산 전경

그림 45 다르다넬스 해협과 임로즈 및 사모트라케섬

그림 46 보즈자다 성채

그림 47 스카만드로스강

그림 48 킬리트바히르성과 다르다넬스 해협 전경

그림 49 차낙칼레시 전경

드로스 대왕에 대항한 군사 작전을 시작했다.

알렉산드로스 대왕에 이르러 차낙칼레 해협에서 영원히 기억될 그 라니코스(Granicus) 전투 ^{기원전 334년, 트로이 근처에서 알렉산드로스 대왕과 페르시아 제국 사} ^{이에 벌어진 최초의 전투 — 역주}에 이어 동방으로 향한 문이 열렸다. 이 전투에서 승리를 거두고 알렉산드로스 대왕은 트로이와 트로이 전쟁 영웅들의 무 덤을 방문했다. 그는 신들에게 제물을 바치며 호메로스같이 자신의 업적 을 찬양해 줄 사람이 없음을 한탄했다. 서양인 알렉산드로스 대왕 역시 그 자신을 트로이 사람으로 생각했다. 알렉산드로스 대왕의 계승자 리 시마코스(Lysimachus, 기원전 301~기원전 280)는 알렉산드로스 대왕의 발자취를 따라 폐허 상태에 있던 일리온을 재건하고 지금까지 그 흔적 을 찾아볼 수 있는 거대한 아테나 신전을 재건했다.

기원전 3세기 이후 로마 제국은 트로이를 그들의 조상이 기원한 장

그림 50 아테나 신전의 기초 토대

소로 생각했다. 황제 율리우스 카이사르가 세운 율리우스 왕조는 왕권과 정당성을 강조하는 이데올로기를 강화하는 데 자신들이 아이네이아스의 아들인 일리우스 혹은 율리우스의 후손이라고 주장했다. 율리우스 카이사르는 암살되기 얼마 전에 알렉산드로스 대왕의 전례를 따라 파르티아에 대한 대규모 전쟁을 계획했으며, 자기 고향으로 생각했던 트로이에 새로운 제국의 수도를 건설하고자 했다. 그러나 암살을 당하면서 계획은 결실을 맺지 못했다. 카이사르가 트로이를 선택한 주된 이유는 트로이가 동방과 서양 사이, 수송과 교통의 측면에서 볼 때 지중해와 흑해 사이의 매우 편리한 위치에 있기 때문이었다.

서기 324년에는 비잔틴 제국 콘스탄티누스 대제가 일리온을 방문했으며, 그가 세우려는 제국의 수도 후보지로 일리온을 선택했다. 그 결정 과정에서 로마 건국 신화와 트로이의 관계는 매우 중요한 역할을 했다. 트로이에 수도를 건설하는 것은 로마의 수도로서의 지위를 없애려는 시도를 정당화할 수도 있었을 것이다. 그런데 건설 작업이 이미 시작되었음에도 콘스탄티누스 대제는 이 중요한 정치적 결정을 포기해야만 했다. 트로이 인근의 땅이 그들의 목적을 충족시킬 정도로 크지 않았으며, 비잔티움(이스탄불)이 점차 중요해졌기 때문이다

트로이는 4세기 중반 이후 주교좌가 설치되는 등 기독교 신앙의 중심지 역할을 수행했다. 이후 이어지는 시기에도 종교적, 정치적 중요성을 유지했다. 그렇지만 5세기에 있었던 두 번의 대규모 지진 때문에 일리온에 있던 중요한 건물 대부분이 파괴됐으며, 일리온 인구 또한 엄청나게 감소했다. 6세기에도 저지대 도시에 사람들이 계속 거주했지만, 일리온은 점차 폐허로 변했다. 이 시기 이후 트로이와 관련된 일리온의 과거는 점차 잊히기 시작했다. 트로이는 더 이상 기독교 세계의 상징이 아니었다.

대신 고대 시기, 고대 그리스와 로마의 상징이 됐으며, 트로이와 영웅들의 행적과 관련된 신화들은 잊혔다.

문헌 기록에 따르면, 오스만 제국 정복자 술탄 메메드 2세(Sultan the Conqueror Mehmed II, 재위 1451~1481)는 트로이를 방문한 마지막 중요한 인물이었다. 술탄은 이스탄불을 정복한 뒤 1462년 트로이와 주

그림 51 위대한 술탄 메메드 2세 초상화, 1480년 젠틸레 벨리니 그림

변 지역을 방문했다. 정복자 술탄 메메드의 역사가였던 괴크체아다(임로즈) 출신 크리토불로스(Kritovoulos)는 다음과 같이 기록했다.

> 술탄 메메드가 차낙칼레의 일부이자 트로이라는 오랜 대륙의 수도,
> 즉 일리온의 도시에 도착했을 때, 그는 남아 있는 폐허와 고대의
> 기념물들 그리고 인근 지역을 방문했으며, 땅과 바다 모든 측면에서
> 트로이의 중요성을 평가했다. 또한 술탄은 시인 호메로스를 높이
> 평가하면서 호메로스가 칭찬했던 인물들의 명예로운 행위를
> 회상하고, 다음과 같이 자신의 느낌을 표현했다.
> "신이 나를 보호해 왔고 나를 이 도시와 이 도시 사람들의
> 동맹군으로 여겼다. 트로이 전쟁 이후 많은 시간이 흘렀음에도
> 우리는 이 도시의 적들을 물리쳤고, 아시아인에 적대적으로 행해진
> 모든 나쁜 행위에 복수했다."

이러한 언명과 함께 트로이는 동쪽으로 그 방향을 바꾸었고, 동방의 도시가 됐다.

중세 시대에 고대 문화에 대한 관심이 고조되면서 다시 한 번《일리아드》의 전설을 대중적 텍스트로 바꾸려는 시도가 있었다. 덕분에 트로이 도시와 관련된 전설은 매우 넓은 지리적 공간 범위에 걸쳐 널리 알려졌고, 유럽 정신에 매우 심대하고 장기 지속적인 뿌리를 형성하게 됐다. 베르길리우스의 서사시《아이네이스》와 트로이의 전설 및 영웅들에 대한 로마인의 관심은 이러한 영향에 중요한 역할을 했다.

따라서 대략 16세기까지 트로이 전쟁은 세계사에 영향을 끼친 실제 사건으로 여겨졌다. 그러한 이유로 이 신성한 유적을 방문하는 것이야말

로 지중해에서 이스탄불로 왔던 여행자, 학자, 건축가 그리고 예술가의 일차적인 목적 가운데 하나가 됐다. 하지만 앞서 언급한 바와 같이 실제 트로이 유적은 6세기 이후부터 잊히기 시작했고, 따라서 트로이로의 방문은 호메로스 당시의 트로이를 찾고자 하는 질문을 낳게 했다. 이런 노력들은 매우 강도 높게 지속됐고, 19세기에 이르러 프랭크 칼버트와 하인리히 슐리만의 발굴로 이어졌다.

5

트로이의 전설과 고고학
THE LEGEND OF TROY AND ARCHAEOLOGY

호메로스는 《일리아드》에서 기원전 700년경 트로이를 포함한 주변 환경에 대해 매우 세밀하게 묘사하고 있다. 시인 혹은 시인에게 이러한 정보를 전해 준 사람들은 카라멘데레스 평원, 오늘날에는 퇴적층으로 덮인 에게해의 고대 항구들, 보즈자다(테네도스)의 섬들, 괴크체아다(임로즈)와 트로이에서 선명하게 보이는 세마디렉(사모트라케), 카즈(Kaz)산맥에 대해 매우 세밀하게 관찰했음이 분명하다. 왜냐하면 《일리아드》에 상세하게 묘사된 부분들이 오늘날 그 지역과 대체로 일치하기 때문이다.

19세기와 20세기 초반에 많은 고전 문헌학자들은 이 전설의 내용이 단지 허구일 뿐이고 단 한 줄의 사실도 포함하고 있지 않다고 주장하며, 이 같은 결론을 정당화하고자 비판적 연구를 수행했다. 심지어 이러한 연구 가운데 일부에서는 호메로스의 실제 존재 자체가 논쟁거리가 됐다. 하지만 17세기와 18세기 계몽주의 시대 이래로 고대사에 대한 흥미는 호메로스의 전설을 다시 읽고 트로이에 대한 관심이 다시 우선시되는 결과를 낳았다. 관심이 고조될수록 더 많은 여행자들이 그들이 유년 시절부터 호메로스 작품에 애정을 갖고 알게 된 모든 것을 찾으려고 이 지역을 조사했다.

차낙칼레 해협, 섬, 산 그리고 심지어 강조차 《일리아드》에 묘사된 것으로 쉽게 식별될 수 있었다. 이 지역을 방문했던 여행자들은 프리아모스 성채의 입지에 대해 추측하기도 했다.

18세기와 19세기에 대부분의 사람들은 군사적인 관점에서 전략적 요충지인 피나르바시(Pınarbaşı)가 고대 트로이 유적이 있던 곳이라고 생각했다. 피나르바시는 히사를리크 언덕에서 남쪽으로 대략 8킬로미터 떨어져 있었고, 그리 눈에 띠지 않았다. 히사를리크 언덕은 31미터 정도 높이에 축구장만 한 크기이다. 그리스와 로마의 오래된 전통에 따르면 이 장소가 트로이/일리우스라고 알려졌으며, 그것이 일리온이 의식적으로 이곳에 건설된 이유였다. 18세기와 19세기에 발견된 동전 덕분에 이 언덕이 '새로운 일리온'으로 인식될 수 있었다. 일리온과 트로이가 하나이자 같은 실체라는 점이 명확해지자 히사를리크 언덕이 트로이였음을 증명하기 위한 발굴이 시작됐다.

트로이의 전설

호메로스의 《일리아드》는 실제로 긴 일련의 전설 중 작은 부분만을 이야기한다. 24개 절로 구성됐으며, 트로이 전쟁의 일부, 즉 트로이를 정복하려는 아카이아인의 전투 가운데 마지막 날만을 묘사하고 있을 따름이다. '일리아드'라는 이름은 '일리온의 이야기'라는 의미이며, 총 1만

5,693행으로 이루어진 이야기에서 일리온이라는 이름은 106번, 트로이는 총 49번가량 언급된다.

《일리아드》의 사건과 영웅들

트로이 공성전이 시작된 지 약 10년이 흐른 후 아카이아의 영웅 아킬레우스와 총사령관 아가멤논이 머물렀던 주둔지에 유행병이 돌기 시작했다. 유행병이 돌았던 이유는 아가멤논이 아폴론 신전 사제였던 크리세스의 딸 크리세우스를 그녀의 아버지에게 돌려보내지 않았기 때문이었다. 아폴론 신은 분노해서 아카이아군에게 전염병을 가져다주었다. 아가멤논은 아킬레우스의 포로였던 브리세이스를 자신에게 넘기면 크리세우스를 돌려보내겠다고 약속했다. 이에 아킬레우스는 분노해 전장으로부터

그림 52 쪼그려 앉은 전사, 아티카 스타일 흑색 킬릭스의 원형 부조

물러나 돌아와 버렸다.

　다른 한편 바다의 여신이자 아킬레우스의 어머니인 테티스 여신은 제우스에게 자기 아들이 전투에 참여하지 않는 한 아카이아인이 전투에서 이기는 것을 더는 허락하지 않도록 간청했다. 제우스는 아카이아인 편에 서 있었던 아내 헤라의 소망과는 반대로 테티스에게 그녀가 원하는 대로 해 주리라 약속했다. 그리고 그것으로 이야기가 시작된다.

> 분노는 이제 당신의 노래, 불멸의 여신이여, 아킬레우스의 분노,
> 그것은 운명적이고 파멸적이며 아카이오족에게 쓰디쓴 고통을
> 가져다주었고, 수많은 용감한 영혼들을 지하로 끌고 가 그 수많은
> 죽은 이들을 개와 새의 먹이가 되게 하였지요. 그리하여 제우스의
> 뜻이 이루어졌지요. 그것은 두 사람, 아트레우스의 아들이자
> 사령관인 아가멤논과 아킬레우스 왕자가 처음으로 싸우고 서로
> 갈라선 그때 시작되었지요.
> 신들 가운데 누가 이 싸움을 일으키게 했나요?
> 레토가 낳은 제우스의 아들 아가멤논이 그를 화나게 하자
> 그가 진영에 역병의 바람을 일으켰고 그 역병에 병사와 백성이
> 병들어 죽게 되었소. 왜냐하면 그들의 사령관이 기도하는 사제를
> 모욕하였기 때문이지요. 여러 신 중에 누가 이 두 사람을 서로
> 싸우고 다투게 했던가?
>
> ─ 피츠제럴드 옮김,《일리아드》, 권 1, 1~12

여기에서는 이 글의 저자가 제시한 영문 번역《The Iliad》(R. Fitzgerald 옮김,〈Oxford World Classic〉, Oxford: Oxford University Press, 1974[1998])를 직접 번역했으며, 번역 내용과 번역 용어 선택에서《일리아스》(천병희 옮김, 도서출판 숲, 2007)를 일부 참조했음을 밝힌다. ─ 역주

헥토르의 비통한 작별

트로이 왕 프리아모스와 그 가족은 힘들고 두려운 날들을 보내고 있었다. 트로이의 영웅 가운데 가장 중요한 인물인 헥토르는 전쟁 중에 잠시 휴식을 취하고자 성채로 들어와 어머니 헤카베와 제수 헬레네, 사랑하는 아내 안드로마케를 만난다.

만남은 트로이 서쪽 문인 스카이아(Skaia)에서 감동적으로 이루어졌다. 그리고 나서 헥토르는 트로이가 멸망할 운명에 처해 있다는 것을 알고 있음에도 용감하게 전장으로 돌아간다.

> 이 말에 헥토르는 되돌아서 집을 나와 왔던 길을 따라 옆길과
> 담장 길을 지나 도성을 가로질러 스카이아 문에 다다랐소. 그는
> 오래전부터 이 문을 통해 들판으로 나가곤 했지요.
> 거기에 사랑하는 아내 안드로마케가 그를 만나고자 달려 왔소.
> 그녀 뒤를 하녀가 따랐는데, 그 하녀는 어린아이를 안고 있었지요.
> 그 아이는 장밋빛으로 발그스레하고 차분한 헥토르의 아들. 온
> 세상이 축복하며 순수하게 빛나는 별과 같이 반짝이는 아이지요.
> 스카만드리오스, 그의 아버지는 이렇게 아이를 불렀지만, 다른
> 사람들은 아스튀아낙스, 저지대 도시의 주인이라고 불렀지요.
> 왜냐하면 헥토르가 혼자서 트로이를 지켰기 때문입니다. 전사는
> 말없이 눈으로 아이를 바라보며 얼마나 환하게 미소를 짓던지요!
>
> ― 피츠제럴드 옮김, 《일리아드》, 권 6, 395~415

헥토르는 이렇게 말하고 그의 아이를 안아 주려고 팔을 뻗었지만,

아이는 바둥거리며 유모의 가슴속으로 파고들어 울기 시작했소.
왜냐하면 아버지의 훌륭한 투구에 겁을 먹었기 때문이요. 그것은
반짝이는 청동으로 만들었고 고개를 움직일 때마다 투구 끝에 달린
말총 장식이 마치 살아 있는 것처럼 계속 흔들렸지요.
그의 아버지가 웃기 시작하자 그의 어머니도 같이 웃었지요. 그러고
나서 헥토르는 그의 아름다운 머리에서 투구를 벗어 햇빛처럼
빛나는 그것을 땅에 놓아두었소. 그가 아이에게 입을 맞추며
자신의 아이를 높이 흔들며 어르고는 그의 기도를 말하였지요.
제우스여, 모든 불멸의 신들이여, 이 아이, 제 아들이 저처럼
트로이인의 왕자가 되게 하소서, 제 아들이 강하고 용맹하게
성장하여 일리오스를 통치하게 하소서. 그리하여 먼 훗날 사람들이
"그가 그의 아버지보다 훨씬 훌륭했다." 하고 말하게 하소서.
전쟁으로부터 돌아온 그를 집에서 맞이하며 그리고 그의 팔에 그가
전쟁에서 죽인 여러 커다란 전사들의 피 묻은 투구를 전리품으로
가져와 그의 어머니를 자랑스럽게 하소서.
이 기도를 마치자 그의 사랑스러운 아내 품에 그의 아이를 다시
돌려주었고, 그녀는 아이를 받아 자신의 향기 그윽한 가슴속에 품어
안으면서 눈물을 글썽이며 미소를 지었지요.

— 피츠제럴드 옮김, 《일리아드》, 권 6, 470~493

아킬레우스가 전장에서 물러나다

아킬레우스가 자신과 다투었던 아가멤논에게 칼을 휘두르며 공격하려

고 하자 아테나 여신이 하늘에서 내려와 아킬레우스의 손을 잡고 공격을 멈추도록 했다. 말싸움이 이어지자 아가멤논이 브리세이스를 데려오려고 두 명의 사절을 아킬레우스의 숙소로 보냈다. 아킬레우스는 사절들을 잘 대접하고 별 다른 항의 없이 브리세이스를 보냈다. 테티스 여신은 올림포스산으로 갔고, 노예 크리세우스는 배에 실려 그녀의 아버지에게 보내졌다. 신들이 올림포스산으로 돌아올 때 테티스 여신은 제우스에게 탄원했다. 제우스와 헤라 사이에 격렬한 싸움이 이어졌다. 아킬레우스는 자신의 노예 브리세이스를 빼앗긴 것에 슬퍼하는 동시에 분노해 숙소로 되돌아왔다. 전쟁 동안 신들의 뜻에 따라 처음에는 트로이인에게, 그다음에는 아카이아인에게 행운이 함께했다. 어느 정도 시간이 흘러 때가 되자 양쪽 모두 끝이 안 보이는 전쟁을 포기하고 두 명의 영웅, 즉 메넬라우스와 파리스가 결투를 벌여 승자에게 헬레네를 보내는 것으로 이 문제를 해결하기로 결정했다. 그러나 이 계획은 아프로디테가 파리스를 전장에서 납치했기 때문에 실현될 수 없었다.

신들이 서로 다른 견해를 갖고 있어 합의할 수 없었기 때문에 전쟁이 길어졌다. 양쪽에 많은 희생과 손실을 가져왔으며, 특히 영웅들에게 벌어진 잔혹하고 비극적인 싸움이 상세히 기술됐다. 그리스 본토에서 온 연합군과 트로이 편에서 싸우는 동맹군 명단 또한 제시됐는데, 이 명단에는 특히 아나톨리아 여러 부족들의 이름이 등장한다.

뮈시아인은 크로미스가 새 점쟁이 엔노모스도와 함께 이끌었지요.
퍼덕거리는 새의 날개를 읽어 점치는 것도 다른 트로이인이 죽어
던져졌던 강물 앞에서 위대한 발 빠른 자 아킬레우스의 손에 그가
거꾸러졌을 때 마지막 어둠의 그림자로부터 결코 그를 구하지 못할

것이오.

프리기아인은 멀리 아스카니아에서 포르퀴스와 아스카니오스가

데려왔는데 이들 모두는 싸움을 할 준비가 되어 있었지요.

리디아인 그리고 마이오니아인은 메스틀레스와 안티포스가

지휘하고 있었는데, 이들은 모두 탈라이메네스에게서 태어난

아들들로, 귀가이에 호수의 요정이 낳았지요. 이들은 또 트몰로스산

아래 계곡에서 자란 이들도 이끌고 왔소.

나스테스는 자신의 말을 쓰는 카리아인을 지휘했소. 이들은

밀레토스와 잎이 무성한 능선의 프티론산, 마이안드로스의

개천들과 뮈칼레의 험준한 산 정상을 차지한 사람들이었소.

이들은 암피마코스와 나스테스가 이끌었는데, 이 두 사람은

노미온의 빛나는 자식들이었지요. 황금으로 치장하고 처녀처럼

들떠서 나스테스는 전장으로 나갔지요. 그러나 황금은 어리석음을

이기지 못해서 피비린내 나는 파멸로부터 그를 구하지 못했지요.

아이아코스의 손자 아킬레우스가 그를 죽여 강물에 던지고 그의

황금 장신구들을 구부려 가져가 버렸지요.

사르페돈은 글라우코스와 함께 소용돌이치는 크산토스 강변, 멀리

떨어진 리키아에서 리키아인을 이끌고 왔소.

— 피츠제럴드 옮김, 《일리아드》, 권 2, 859~877

신들이 전쟁에 개입하다

트로이 전쟁이 커다란 고통과 슬픔 속에 계속되는 동안 양쪽은 사망자

들을 화장하고 묻고자 전투를 중지하기로 결정했다. 하루를 쉬고 이다 산의 신들이 개입했을 때 전투가 다시 시작됐다. 그러나 아카이아인은 잘 싸우지 못했고 거의 패배 직전에 이르렀다. 지휘관들은 한자리에 모여 분노하고 상처받은 아킬레우스에게 전장으로 돌아와 달라는 요청을 하려고 사절을 보냈다. 심지어 아가멤논은 브리세이스를 아킬레우스에게 돌려보냈으나 아킬레우스는 여전히 아가멤논의 요청을 거부했다.

트로이인은 도시 바깥에 군영을 설치하고 공격을 시작했다. 동시에 아카이아인은 트로이의 공격을 방어하려고 장벽을 건설하기 시작했다. 그러나 헥토르의 강력한 공격으로 장벽은 무너졌고, 아카이아인은 배로 퇴각했다. 비록 헤라 여신과 바다의 신 포세이돈이 아카이아인 편을 들었지만, 제우스는 테티스 여신과 한 약속을 깰 수가 없었다. 그때 트로이인이 아카이아인의 배에 가까이 다가가 그중 일부에 불을 질렀다. 아킬레우스의 가장 친한 친구인 파트로클로스는 이 상황을 더 이상 견딜 수 없었다. 그는 아킬레우스에게 자기가 아킬레우스의 갑옷과 무기를 들고 전쟁에 참여해도 될지 물었다. 아킬레우스는 파트로클로스가 자신의 무장을 가져가는 것을 허락했다.

파트로클로스는 처음 공격을 시작해 트로이인을 잠시나마 격퇴할 수 있었다. 그러자 리키아인의 영웅이자 제우스의 아들인 사르페돈이 그에 맞섰다. 이는 신들 사이에 격렬한 논쟁을 불러일으켰고, 결국 제우스는 자신의 아들을 희생시켜야 했다. 파트로클로스가 트로이 성벽까지 진출했다. 그러자 전투에서 잠시 멀어져 있던 헥토르가 갑자기 나타나 파트로클로스에게 승리를 거두고 그를 죽였다. 파트로클로스는 죽기 직전 헥토르에게 전쟁에서 살아남을 수 없을 것이라고 말했다. 헥토르는 파트로클로스의 무기를 빼앗아서 트로이로 가져갔다. 아킬레우스의 말

그림 53 트로이 전사들이 그리스인과 조우하는 모습

들은 파트로클로스의 죽음을 알아채고 구슬프게 울었다.

> 죽은 남자 또는 여인의 무덤 위에 서 있는 비석처럼, 말들은
> 아름다운 전차를 붙잡고 아무것도 하지 않고 가만히 서 있었지요.
> 머리를 땅에 숙이고, 그들이 죽은 마부들을 슬프게 그리워하며
> 그들의 눈에서 뜨거운 눈물이 땅으로 흘러내렸지요. 갈기가 멍에
> 받침 아래로 흘러내렸기에 멍에 옆 갈기가 먼지에 더렵혀졌소.
> 말들이 눈물을 흘리는 것을 보자 제우스는 이들을 불쌍히 여기고
> 고개를 숙이며 마음속으로 조용히 읊조렸지요.
> 저 불쌍한 것들, 내가 왜 나이도 먹지 않고 죽지도 않는 너희를
> 필멸의 펠레우스 왕에게 주었던가? 항싱 힘들고 어려운 운명을
> 겪는 인간들과 함께 너희들이 고통받게 하기 위함이었는가? 땅
> 위에서 숨 쉬며 움직이는 모든 창조물 가운데 인간보다 더 불쌍한
> 것은 없을 것이오.
>
> ― 피츠제럴드 옮김, 《일리아드》, 권 17, 434~448

파트로클로스의 죽음과 전쟁에 복귀하는 아킬레우스

아킬레우스가 파트로클로스의 죽음을 전해 듣고 고통 속에서 울부짖자
그의 어머니 테티스 여신이 바닷속 깊은 곳에서 이를 듣고 아킬레우스에
게 왔다. 아킬레우스는 전쟁에 다시 참여하기로 마음을 먹었으나 무기
가 없었다. 아킬레우스가 어머니에게 새로운 무기를 부탁하자 테티스는
마지못해 아들에게 무기를 가져다주기로 약속했다. 그날 밤 대장장이의

신인 헤파이스토스는 아킬레우스를 위해 금과 은이 상감된 방패와 갑주, 투구와 정강이 보호대를 만들어 주었다. 아킬레우스는 이 무구들을 입고 전장으로 복귀했다. 이때에 이르러 신들이 때때로 개입해 왔던 전쟁이 가장 잔혹한 단계로 나아가고 있었다. 아킬레우스는 그가 만난 모든 트로이인을 죽이고 그 시신을 스카만드로스강에 던졌다. 피로 물든 강은 점차 불어 오르기 시작했다. 아킬레우스가 트로이 성문에 다다랐다.

그림 54 기원전 500년경 만들어진 아테네식 적색 토기 병에 상세하게 그려진 아킬레우스가 파트로클로스를 돌보는 모습

헥토르의 죽음

성벽 꼭대기에서 전투를 바라보고 있던 프리아모스 왕과 그의 아내 헤카베는 성안으로 피신하라고 헥토르를 설득했다. 처음에는 거부하던 헥토르도 아킬레우스가 접근해 오는 것을 보고 두려움에 사로잡혀 도망갔다. 아킬레우스는 헥토르를 추격하기 시작했고, 두 사람은 성벽을 일곱 번이나 돌았다. 전투는 점차 고조됐다. 신들의 아버지 제우스는 그의 저울에 헥토르와 아킬레우스를 달아 무게를 쟀는데 헥토르가 더 무거웠다. 그동안 지혜의 여신 아테나는 두 영웅이 싸움을 계속하도록 채근했다. 결국 트로이 도시는 이 처절한 싸움이 헥토르를 죽음으로 몰아넣는 것을 목격하고 울부짖었다. 실제로 아킬레우스는 헥토르를 죽였을 뿐만 아니라 그의 발뒤꿈치를 뚫어 전차에 묶고 트로이 성벽을 세 차례나 돌았다. 트로이인은 이 잔인한 순간을 성벽 위에서 바라봤다. 프리아모스 왕과 헤카베는 울면서 아킬레우스에게 애원했고, 헥토르의 아내 안드로마케는 이를 목격하고 기절했다.

프리아모스는 아들의 시신이 이렇게 잔인한 취급을 받는 것을 더는 참을 수 없었다. 밤이 깊었을 때 그는 아킬레우스의 숙소로 가서 아들의 시신을 가져오기로 결심했다. 트로이 사람들의 반대 속에 프리아모스는 호화로운 선물을 가지고 아킬레우스의 숙소로 갔고, 스스로 바닥에 엎드려 아킬레우스에게 애원했다.

아킬레우스여! 위대한 신들을 경배하기를! 그리고 그대의 아버지를 기억하며 나를 책망하기를. 나를 훨씬 더 불쌍히 생각해 주길 바라오. 왜냐하면 그 누구도 이전에 하지 않았던 것을 하고자 나

자신이 이렇게 왔기 때문이오. 내 아들을 죽인 이의 손을 들어 내
입술로 입맞춤을 하고 있소.
이제 아킬레우스의 마음속에 그의 아버지를 그리워하는 마음이
새로운 욕망과 가슴 아픈 슬픔을 불러일으켰지요. 그는 늙은 노인의
손을 들어 살며시 옆에 있게 했지요.
그리고 나서 두 사람 모두 생각에 잠겼소. 늙은 왕은 아킬레우스의
발아래 웅크리고 앉아 남자들을 죽이는 헥토르를 위해 울고 또
울었소. 반면에 위대한 아킬레우스는 자신의 아버지를 위해서
그리고 다시 한 번 파트로클로스를 위해 울었는데, 그들의
울음소리가 방안에 가득 찼지요.

— 피츠제럴드 옮김, 《일리아드》, 권 24, 493~509

헥토르의 장례식

아킬레우스와 프리아모스는 그들의 불운에 비통해하며 함께 울었다. 아
킬레우스는 눈물을 흘리는 연로한 왕의 손을 잡고 일으켰다. 그리고 그
의 아들 헥토르의 시신을 닦아 옷을 입히고 나서 프리아모스에게 되돌려
주었다. 비통에 찬 프리아모스는 헥토르의 시신을 엄청난 성벽으로 둘러
싸인 성채 안 그의 궁전으로 가져갔다.

트로이 사람들은 헥토르의 죽음을 슬퍼했다. 아흐레 밤낮 동안 장
작을 모았으며, 열흘째 되던 날 서사시는 장례식과 함께 끝이 난다.

늙은 왕 프리아모스가 그들에게 명령을 내렸소.

"트로이아인이여! 도성 근처로 장작을 가져오시오. 아카이오이족의
매복을 두려워할 필요가 없소. 아킬레우스가 병영에서 나를
돌려보낼 때 열두번째 날 새벽이 올 때까지 분명히 나를 해치지
않겠다고 말했소."

사람들은 소와 노새에 멍에를 얹어 수레를 끌게 하고 성문 앞으로
모여들었지요. 아흐레 동안 열심히 일을 하여 엄청난 양의 장작더미를
도성 안으로 가져왔소. 필멸자의 세상을 빛으로 비추는 새벽이
열 번째 날에 왔을 때 드디어 그들은 위대한 마음을 가진 헥토르를
밖으로 운구하였소. 모든 사람들이 눈물을 흘리며 그의 시신을
장작더미 위에 올려놓았지요. 그러고 나서 횃불을 아래로 던졌소.

이른 새벽이 장밋빛으로 밝아 오면서 하늘을 밝히자 트로이
사람들이 헥토르의 장례용 장작더미 주위로 모여들었지요.
그들이 불길이 남아 있는 곳이면 어디든지 연기 나는 장작들을
황갈색 포도주로 껐지요. 그다음 형제와 전우들이 슬퍼하는 가운데
눈물이 그들의 뺨에 흘러내리는 동안 숯 더미에서 그의 흰 뼈를
주워 모아 황금으로 만든 항아리에 담았소. 다시 부드러운 자줏빛
천으로 그 항아리를 덮었지요.

그러고 나서 깊이 판 구덩이에 항아리를 놓고 커다란 돌들로
덮었지요. 사람들은 바로 봉토를 쌓았는데 이때 사방에 보초를
세워 아카이오이인의 갑작스러운 기습에 대비를 하였지요. 그들이
봉토 쌓기를 마쳤을 때 일리움으로 돌아갔소. 모두들 프리아모스
왕의 궁전에 모여 헥토르의 명예를 기리며 성찬에 참여하였지요.
그렇게 그들은 말을 길들이는 헥토르의 장례식을 치렀소.

— 피츠제럴드 옮김, 《일리아드》, 권 24, 771~804

그림 55 기원전 675년 미코노스식 병에 그려진 '트로이의 함락'

여기에서 《일리아드》의 전설이 끝난다. 트로이의 멸망과 도시에 대한 약탈은 호메로스의 또 다른 위대한 작품, 《일리아드》 이후 약 20년 뒤에 쓰인 《오디세이아》에 묘사된다.

이 서사시는 전쟁에 참전했던 이타카 왕 오디세우스가 그의 나라로 귀환하는 내용을 담고 있는데, 여기에서 트로이와 트로이의 멸망에 대해 자주 언급한다. '트로이의 목마'를 계획한 사람은 가장 지략이 뛰어난 아카이아 전사 가운데 한 명이었던 오디세우스였다. 목마는 성벽 앞에 남겨졌고, 아카이아인은 함선과 함께 떠나는 척했지만 실제로는 테네도스 너머에 숨어 있었다. 다음 날 아침, 트로이인은 목마를 끌고 성안으로 들어갈지 말지 결정하지 못했으나 결국 목마가 아테네 여신에게 봉헌된 공물이라고 판단해 성안으로 들였다. 이로써 전쟁이 끝났다고 생각한 트로이인은 들뜬 분위기에서 밤새 술을 마시고 10년 만에 평온하게 잠들었다. 그러자 목마 안에 숨어 있던 오디세우스와 동료들이 밖으로 나와 테네도스에서 돌아와 기다리고 있던 아카이아 병사들을 위해 성문을 열어 주었다. 이렇게 아카이아인에게 대항해 오랫동안 맞섰던 위대한 도시 트로이는 목마 술책으로 파괴되고 불에 타 재로 변했다.

국립 트로이 역사 공원

호메로스가 《일리아드》에 서술한 사건들이 벌어졌던 지역에 위치한 고대 취락과 유적들은 단지 트로이에만 한정되지 않는다. 트로이아 지역 북쪽, 즉 에드레미트(Edremit)만 그리스 레스보스섬에서 멀지 않은 터키 서남쪽 해안 지역 ─ 역주에서 마르마라해 남쪽 해안까지 넓은 지역에 걸쳐 분포한다. 그

그림 56 트로이 근처 아킬레우스 무덤 전경

그림 57 다르다넬스 해협 입구 근처에 위치한 파트로클로스의 무덤

러나 트로이 전쟁이 벌어졌던 것으로 믿어지는 트로이 인접 지역이 가장 중요하다.

여기에 위치한 고분이나 봉분들은 트로이 전쟁 영웅들의 무덤으로 여겨져 왔다. 헬레니즘 및 로마 시대에 트로이아(일리온)와 그 인근 지역은 고대에 관심이 있는 여행객의 흥미를 끌었다. 해변에서 가까우며 트로이 인근에서 수 킬로미터밖에 떨어지지 않은 곳에 아킬레우스와 아이아스, 파트로클로스의 무덤들이 있다. 해안을 따라서는 시게이온(Segeion), 로이테이온(Rhoiteion), 오프리네이온(Ophryneion), 아키레이온(Akhileion) 같은 고대 도시들이 있다.

고대 이래 이 지역이 갖는 역사적 중요성 때문에 트로이 인접 지역은 터키 공화국 정부로부터 국립 트로이 역사 공원으로 지정됐다. 호메로스가 묘사했던 자연, 즉 트로이 성채에서 주변을 조망할 때 방문객들이 바라보는 자연환경은 충분한 가치가 있기 때문에 현재 보호받고 있다.

2006년 이후 트로이에서 진행된 고고학 연구

1988년 오스만 코프만 교수가 새롭게 시작한 트로이 발굴은 트로이 연구에 중요한 전환점이 되었다. 한편으로는 새로운 발굴 조사 결과와, 다른 한편으로는 발굴 조사와 연관해 진행된 트로이에 관한 국제 전시와 출판물은 고대 도시 트로이에 관해 새로운 관심을 불러일으켰다.

2005년에 코프만 교수가 사망한 이후에도 2013년까지 같은 다국적 고고학 연구팀이 발굴 조사를 계속했다. 2013년 이후 트로이 발굴 조사는 터키 문화 관광부를 대신해서 차낙칼레 온세키즈 마르트 대학 뤼

그림 58 60세 당시의 만프레드 오스만 코프만

스템 아슬란 교수가 진행하고 있다. 2006년 이래 시도된 저지대 도시 구조에 대한 발굴 조사에서 트로이 전쟁 시기로 편년되는 남쪽 출입구와 일련의 해자 시설이 발견됐다. 이 시설들은 《일리아드》에 언급된 것처럼 전차를 방어하고자 건설했던 것으로 추정된다.

발굴 조사에 더해 이 유적을 관광객에게 공개하는 것뿐만 아니라 유적의 보존과 관련해서도 많은 진전이 있었다. 더욱이 발굴 조사팀은 트로이 고고학 유적을 관리할 상세한 계획을 세웠다. 트로이와 주변 환경은 1996년 국립 트로이 역사 공원으로 지정됐으며, 고고학 유적 자체는 1998년에 유네스코 세계문화유산 목록에 등재됐다.

트로이와 관련해 최근 이루어진 가장 중요한 발전은 의심할 여지없이 15년 동안의 노력으로 세워진 트로이 박물관이다. 문화관광부에 의해 소집된 자문 위원회는 트로이 박물관 디자인 국제 공모전을 열기로

그림 59 트로이 박물관은 국제 공모전을 통해 디자인이 결정됐다.

결정했다. 이 결정이 발표되고 관련 기관들(문화관광부, 환경 및 산림부, 차낙칼레 지방 정부, 건축 위원회)이 관련 규약에 서명했으며, 이에 따라 트로이 자체 박물관을 설립하려는 계획이 실현될 수 있는 중요한 첫걸음을 내딛었다.

2018년에도 트로이에서는 중요한 행사들이 이어졌다. 발굴 지역 인근에 위치한 차낙칼레 트로이 박물관은 2018년 6월에 개관했다. 박물관은 실재와 상상이 뒤섞인 트로이의 이야기를 신화적, 고고학적, 지리학적, 역사적 관점에서 말해 주는 현대적 건물이다. 4층 건물의 1층은 발굴 작업과 유물과 관련한 아이디어를 잘 표현하고자 지하에 건축됐다.

트로이와 유네스코 세계문화유산 목록

트로이라는 이름은 단순히 아나톨리아에 위치한 고대 도시가 아닌, 그 이상의 무언가를 의미한다. 트로이는 아나톨리아 역사, 유럽사, 세계사에서 중요한 위치를 차지한다. 스미르나 출신 시인 호메로스가 트로이 이야기를 묘사한《일리아드》는 세계 문학사에서 지워질 수 없는 작품이다. 기원전 700년경에 최초로 완성됐으며, 많은 예술가, 정치인, 과학자에게 영향을 끼쳤기 때문이다. 기원전 100년경부터 서기 500년까지 고대 세계를 지배하며 유럽 문화의 첨단에 서 있었던 로마인은 많은 중세 시대 통치자들과 마찬가지로 자신들의 계보를 트로이인까지 거슬러 올라가 찾으려고 했다. 그러한 이유로 트로이는 유럽 문화사에서 중요한 원천이 됐다.

다른 한편으로 트로이에 대한 터키인의 관심은 매우 오래된 과거로 거슬러 올라간다. 스스로를 트로이인으로 여겼던 술탄 메메드는 1462년에 트로이를 방문했다. 다시 말해서 트로이는 동양과 서양이 지리적, 문화적, 정치적, 역사적으로 서로 만나는 매우 드문 사례 가운데 하나이다. 따라서 트로이는 동서양 문명을 포괄하는 과거를 가지고 있다. 그뿐만 아니라 19세기 이래 트로이에서 행해진 발굴 조사 덕분에 트로이는 근대 고고학의 초석이 놓인 장소이기도 하다. 이러한 모든 특징 덕분에 터키 문화 관광부가 제출한 신청서에 따라 유네스코는 세계문화유산 목록에 트로이를 포함시키기로 결정했다.

트로이는 국립 공원 및 고고학 유적과 더불어 지속적으로 문화, 대륙, 시대, 세대를 연결할 것이다

6

'프리아모스의 보물'과 슐리만 그리고 튀르크
The 'Treasure of Priam' Schliemann and Turks

히사를리크 언덕에서 진행된 슐리만의 발굴 조사는 1890년 그가 나폴리에서 갑자기 죽음을 맞이했을 때와 마찬가지로 그의 일생 동안 많은 저술과 논쟁에 영감을 불러일으켰다. 특히 슐리만이 1873년 8월 5일자 〈아우크스부르크 알게마이네 자이퉁(Augsburg Allgemeine Zeitung)〉에 게재한 '프리아모스의 보물'에 관한 최초의 보고서는 격렬한 논쟁을 일으켰다. 1873년 이래 진행된 슐리만의 트로이 발굴 조사에 대해서는 이미 많은 부분이 글로 소개된 바 있다.

　슐리만 발굴 조사와 관련한 논쟁은 다음과 같은 주제를 중심으로 진행됐다. 슐리만이 언제, 어디에서, 어떻게 보물을 발견했는가? 어떻게 국외로 유물들을 밀반출했는가? 유물들은 매납 유적에서 출토됐는가? 아니면 슐리만이 이전에 발굴한 다양한 유물군에서 선택하여 모은 것인가? 이 질문에 대답하고자 슐리만이 남긴 뒤 아테네에 보관되어 있는 문헌 대부분에 대해 연구가 진행됐다. 이 슐리만 문헌들은 당시 정치적, 사회적 조건과 사건들의 한 측면만을 보여 준다.

그림 60 보물 A, 프리아모스의 보물

지금까지 오스만 제국 기록들은 거의 주목받지 못한 채 남아 있다. 알려지지 않았던 이 기록들의 도움을 받아 '프리아모스의 보물'의 발견에 대한 역사를 새로운 관점에서 이해할 수 있다.

특히 17세기 이래 트로아드 차낙칼레를 포함한 아나톨리아 북서부 지역으로, 현재의 비가반도 —역주에서 트로이 전쟁의 흔적으로 추정되는 유적들이 유럽 연구자와 여행객에 의해 집중적으로 조사됐다. 특히 프랭크 칼버트는 트로이 유적 위치에 대한 중요한 발견과 연구를 했는데, 그의 가문은 19세기 후반 이래 차낙칼레에서 영사 업무를 수행하고 있었다.

트로이 발굴 역사는 사실상 1863년부터 1865년까지 진행된 프랭크 칼버트의 발굴에서 시작된다. 하인리히 슐리만이 전설상의 트로이를 찾겠다는 희망을 품고 1868년 트로아드 지역을 여행했을 때, 열정적이고 독학으로 고고학자가 된 이 두 사람은 모두 차낙칼레를 건너고 있었다. 운명적인 만남으로 맺어진 둘의 관계는 1890년에 슐리만이 죽을 때까지 간헐적으로 지속됐다. 때로는 서로 간에 문제가 생겼지만, 칼버트와 슐리만의 관계는 1873년 슐리만이 '프리아모스의 보물'을 발견해 밀반출한 이후 특별하게 변했다. 또한 이때부터 슐리만과 오스만 당국의 관계도 엄청나게 많은 어려움과 문제들로 매우 곤란해졌다. 슐리만은 처음부터 오스만 당국과 갈등을 겪어야 했다고 암시하고 있다. 그러나 실제로는 그가 1870년 히사를리크 언덕에서 발굴 조사를 수행할 때부터 오스만 당국은 고고학 유물에 관심이 많았고, 특히 체계적인 고고학 조사에도 지대한 관심을 보였다. 따라서 슐리만에 대한 오스만 제국의 태도는 유적 자체와 출토 유물 보호를 염두에 둔 것이었다. 오스만 당국은 오스만 제국이 갖고 있는 과학적 관심 때문에 1871년 발굴 조사를 허가했다고 강조했다.

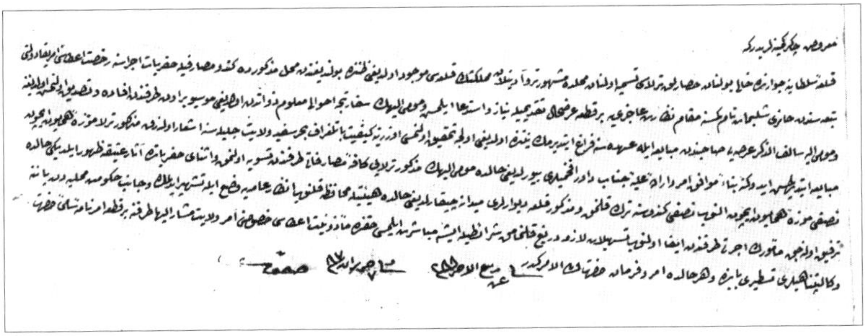

그림 61 1871년 슐리만의 첫 번째 발굴 조사 허가서

슐리만은 1871년 10월 11일 첫 번째 발굴 조사를 시작했다. 1872년 4월 1일부터 8월 14일까지 두 번째 발굴을 했으며, 마지막 발굴 조사는 1873년 2월 2일부터 6월 14일까지 진행됐다. 두 번째 조사 기간에 슐리만은 이미 작은 규모의 보물을 발견한 바 있었다. 우리는 오스만 제국 기록을 통해 이 유물들이 이스탄불 고고학 박물관에 무사히 도착했다는 사실을 알고 있다. 또한 향후 이와 같은 유물을 이스탄불로 보내라는 명령이 이스탄불로부터 도착했지만, 슐리만이 1871년과 1873년 사이에 발견했던 유물 대부분을 오스만 제국 밖으로 밀반출했다는 사실은 분명하다. 특히 '프리아모스의 보물'은 1873년 5월 31일에 발견된 이후 주요 논쟁거리가 되었다.

학계와 대중 매체에서 수많은 토론과 논쟁이 있었기 때문에 별도의 글을 작성하는 것은 굳이 필요하지 않다고 생각

그림 62 '프리아모스의 보물'에 대한 이제딘 에펜디의 보고서

한다. 그럼에도 이 글을 작성하는 데에는 두 가지 이유가 있다. 첫 번째로 지금까지 슐리만과 '프리아모스 왕의 보물'을 다룬 거의 모든 연구들이 슐리만 자신의 기록들, 즉 일기와 출판물을 논의의 출발점으로 삼은 대신 다른 자료들을 대체로 무시해 왔다는 점을 들 수 있다. 이 글의 목적 가운데 하나는 다른 자료가 생략되고 무시되어 온 상황을 개선하고자 하는 것이다. 두 번째 이유는 슐리만이 작성한 기록의 진실성에 대한 의구심이 계속 커지고 있기 때문이다. 특히 1930년대 이후 진행된 다양한 연구를 통해 슐리만이 그의 일기와 기록을 상당히 조작했다는 점이 증명됐다. 슐리만이 작성한 기록에 대한 신뢰도가 의심받는다는 것에서 오스만 제국의 기록이 갖고 있는 가치와 신뢰도는 점점 더 중요해진다.

슐리만이 자주 특정한 상황과 사건에 대해 '그 자신만의 진실'(아마도 개인적 야망과 학자로서 자신의 명성을 증명하고자)을 보여 주었다는 점은 분명하다. 반면 오스만 제국의 수많은 기록은 그렇지 않다. 실제로 이런 다소 무미건조하고 관료적인 기록은 특정한 중요 사건들을 재구성하거나 슐리만의 주장 가운데 일부분을 바로잡는 데 많은 도움이 된다. '프리아모스 왕의 보물'의 발견은 오스만 제국 기록으로 슐리만이 제시한 의견을 바로잡을 수 있는 중요한 사례이다.

비록 글 자체는 1873년 7월 17일로 기록돼 있지만 1873년 8월 5일자 〈아우크스부르크 알게마이네 자이퉁〉에 게재된 '프리아모스 왕의 보물'에 관한 슐리만의 글은 수많은 법적, 고고학적 논쟁을 불러일으켰다. 이 가운데 가장 관련이 깊은 질문들은 다음과 같다.

1) 발견 일자: 정확히 언제 '프리아모스 왕의 보물'이 발견됐는가?
2) 유물 발견 맥락: 어디에서 보물이 발견됐고 어느 정도 깊이에서

그림 63 1874년경 촬영한 '헬레나의 보석들'을 착용한 소피아 슐리만

(예를 들면 어느 층위에서) 발견됐는가?

3) 함께 발견한 사람들: 슐리만이 '프리아모스 왕의 보물'을
   발견하는 동안 누가 슐리만을 도와주었는가? 이후에 어떻게 그
   보물들이 오스만 제국의 영토에서 밀반출됐는가?

4) 서술상 차이: 슐리만이 쓴 일기와 보고서에서 제시한 고고학 유물에
   대한 서술이 어떤 이유로 각기 다른가?

5) 유물 구성: '프리아모스 왕의 보물'은 하나의 완전한 세트로
   구성된 위대한 보물인가 아니면 (각각의 보물 가운데 일부만을 모아)
   나중에 함께 구성한 유물들의 집합인가?

6) 절대적인 확신으로 이 질문에 대한 답을 구하는 것은 거의
   불가능하며, 여기에 제시된 관찰과 결론 대부분 역시 예비적인
   결과로 여겨져야 한다. 이러한 과정을 염두에 두고 우리는 오스만
   제국 기록을 분석할 것이다. 이 글은 대체로 시간 순서에 따라
   사건들을 구성했다. 따라서 이 글은 보물이 발견된 당시에 해당하는
   기록과 함께 시작된다. 1873년에 슐리만의 글이 나온 다음 바로
   논쟁이 시작됐다. 슐리만의 트로이 발굴이 대중에 알려진 직후 그는
   세계적으로 유명해졌다. 그러나 트로이에서 이룬 슐리만의 성공은
   동시에 오스만 당국의 관심을 끌게 됐으며, 글이 출간된 즈음
   오스만 정부는 이 문제에 대한 조사에 착수하는 동시에 첫 번째
   법적 절차를 밟기 시작했다. 이스탄불 고고학 박물관 관장 안톤
   데티에르에게 슐리만이 보낸 1873년 6월 19일자 편지를 보면 전체
   과정을 매우 흥미롭게 만드는 긴장 관계가 이미 어느 정도 형성되어
   있음을 알 수 있다. 슐리만은 다음과 같이 쓰고 있다.

친애하는 관장님께

일리온의 거대한 망루, 스카이아의 이중 문, 일리온의 미네르바 제단, 프리아모스 왕의 궁전과 보물, 포세이돈과 아폴론의 거대 장벽, 많은 수의 트로이 가옥 등을 발견했다는 사실을 당신께 알려드릴 수 있어서 매우 영광입니다. 여기에서 나의 임무가 끝났고 이 지역을 영원히 떠나며… 나는 지난 3년 동안의 고된 작업 끝에 언덕의 3분의 2 이상을 발굴했다고 생각합니다. 나는 〈아우크스부르크 알게마이네 자이퉁〉에 이 주제와 관련된 장문의 글을 썼는데 당신께서 이 글에 관심을 가져 주시길 바랍니다.

또한 나는 최근에 발견한 작은 보물에 대해 또 다른 글을 쓰고자 합니다. 나는 '프리아모스 왕의 보물'을 탐욕스러운 일꾼으로부터 보호하려고 급하게 눈에 띄지 않는 곳으로 옮겨야 했습니다. 그래서 나는 심지어 그 보물들이 어떻게 구성됐는지도 알지 못합니다. 그러나 다른 유물들과 함께 나온 그릇들, 순금으로 만든 대형 데파스 암퍼키펠론(《일리아드》에서 와인을 마시는 데 사용한 잔), 추측컨대 호메로스가 달란트(talents)라고 언급한 4개 혹은 6개의 은제 자귀 형태 유물(《일리아드》에서 화폐 대신 사용된 금속), 여기에 더해 다수의 토기와 냄비들, 수십 개의 창끝 등등이 포함된 것으로 알고 있습니다. 내 의견으로는 이 보물을 오스만 제국과 나누는 것은 불가능하다고 생각합니다. 왜냐하면 지난 3년 동안 내가 20만 프랑을 들여 일꾼 150명을 고용해 발견했기 때문입니다.

오스만 정부의 입장에서 보면 매우 공격적인 이 편지에서 슐리만의 관점을 명확히 볼 수 있다. 이 편지 이후에 정확히 언제 오스만 정부의 조사가 시작됐는지는 불분명하다. 하지만 현재 이용 가능한 자료를 통해 보면 오스만 정부의 반응은 매우 신속했으므로 적어도 이 소식(슐리만의 글)이 발표된 직후였다고 할 수 있다. 이 문제에 대한 첫 번째 조사(후일에 나온 기록에 따르면 일찍이 1873년 9월 20일에 시작됐다)가 오스만 정부를 만족시키지 못했기 때문에, 이제딘 에펜디가 주도한 두 번째 조사는 무엇을 발견했는지, 어떻게, 누가 유물을 나라 밖으로 밀반출했는지 알기 위해 시작됐다. 그 와중에 이 사건은 1874년 4월 아테네 법정에서 다루어지게 됐다. 즉 슐리만과 오스만 제국 사이에 법적 절차는 1874년 4월에 시작됐다. 상황의 심각함을 알고 있던 슐리만은 유물들을 각기 다른 박물관에 팔고자 시도했다. 이 사건과 관련된 삽화가 이스탄불에서 출판된 잡지 〈하얄(Hayal)〉 1874년 9월호에 실렸다. 법적 절차를 처리하는 데 오랜 시간이 걸렸고, 1875년 4월에 합의하면서 최종적으로 원만하게 해결됐다.

'프리아모스 왕의 보물'이 발견된 뒤 두 차례 공식 조사를 포함한 오스만 당국의 신속한 반응을 볼 때 오스만 정부가 트로이와 그 보물의 가치에 대해 정확하게 인식하고 있었다는 점은 분명하다. 그러나 당시 오스만 제국이 처해 있던 심각한 정치적, 경제적 위기 때문에 슐리만과는 문화적 관점에서 다소 불만족스러운 재정적 합의를 모색할 수밖에 없었다.

법적 절차 결과에 상관없이 1874년 7월 24년에 작성된 이제딘 에펜디 보고서는 여러 가지 흥미로운 사실을 전한다.

그림 64 1875년 〈하얄〉에 소개된 삽화

교육부에서 총리실에 보내는 보고서

에민 에펜디가 책임자로 있는 동안 출토된 유물들이 같은 해 두
번에 걸쳐 슐리만에 의해 밀반출됐습니다. 한 번은 1289년(1873)
4월 초에 이루어졌고 다른 한 번은 5월 말에 이루어졌는데, 목재를
싣기 위해 쿰칼레에 위치한 카라륵 항구에 정박한 '안드레아'라고
불리는 그리스 선적 배에 유물들을 실었습니다. 슐리만은 금으로
만든 장신구들을 상자에 넣었고 작은 장신구는 그와 가족의
호주머니에 넣었습니다. 그리고 압둘라 라이스의 배로 쿰칼레
항구에서 칼레 이 술타니에에 있는 세관으로 온 뒤 그 장신구들을
아테네로 밀반출했습니다. 그러한 이유로 쿰칼레 항만 책임자
뤼스템 아가, 세관원 엠루라 에펜디와 이 사건을 들었던 차낙칼레의
다른 세관원에 대한 형사 절차가 시작됐습니다. 하지만 차낙칼레
세관 책임자인 하릴 에펜디와 그 부하 직원들에 대해서는 더 이상의
법적 조치가 취해지지 않았습니다. 실제로 그들에 대한 취조는

제대로 이루어지지 않고 피상적으로 진행됐다고 알고 있습니다.
그 결과 이 사건은 재조사를 위해 교육 위원회로 이관됐습니다.
엠루라 에펜디, 압둘라 라이스, 이스마일(발굴 조사원)은 슐리만
가족들이 앞서 언급한 상자와 유물들을 대략 오후 2시에서 3시
사이에 바자르를 가로질러 차낙칼레 세관으로 가져왔으며, 30분
가까이 항구에 보관하고 있다가 어떠한 조사나 검색도 받지 않고
그것들을 가지고 나갔다고 주장하고 있습니다. 차낙칼레 세관
감독과 세관원이 이 밀반출에 대해 틀림없이 알고 있었음은 의심할
여지가 없지만, 그들이 조사에서 정반대로 진술하는 것은 받아들일
수 없습니다. 이것이 세관 감독과 세관원들을 객관적으로 조사하고,
그 결과에 따라 조치를 취하는 것이 적절한 이유입니다. 마찬가지로
형법에 따라 유물을 운송하는 과정에서 그들의 임무를 소홀히 했던
엠루라 에펜디와 뤼스템 아가를 처벌하는 것 역시 적절합니다.
이 와중에 4킬로그램의 금과 관련한 문제로 코스탄드와 칼칸리
마을의 알렉산더, 에렌코이 보석상 야니키를 체포하기로
결정됐습니다. 발굴 작업 동안 인부 손에 들어갔다가 후에 환수된
유물은 한 상자에 모아 제국 박물관으로 보내졌습니다. 만약
위에서 언급한 처리 과정이 적절하다고 판단되면 이 사건을 항소
재판에 회부하기로 결정했습니다.

　　지금까지의 상황과 이 사건에 언급된 내용들을 요약하면 다음과 같
다. 슐리만은 두 차례에 걸쳐 발견한 보물들을 밀반출했는데, 첫 번째는
4월 중순이고 두 번째는 5월 말이다. 이에 더해 슐리만과 일행은 트로
이를 떠나면서 옷 속에 고대 유물들을 숨겨 세 번째로 보물 일부를 밀반

출했다. 첫 번째와 두 번째 밀반출 사건은 카란륵 항구에서 그리스 선적 배로 이루어졌고, 세 번째는 슐리만이 쿰칼레 항구에서 차낙칼레로 옮긴 다음 다시 아테네로 밀반출했다. 우리는 기록을 통해 차낙칼레 세관원들이 뇌물을 받았거나 의무를 소홀히 했다는 점을 알고 있다. 이제딘 에펜디의 보고서에 언급된 관원들은 이러한 범죄의 결과로 처벌받았으며, 다양한 유물이 슐리만이 고용한 인부들로부터 환수됐다. '인부들의 보물'로 알려진 이 유물은 현재 이스탄불 고고학 박물관에 전시되고 있다. 보고서 말미에서 이제딘 에펜디는 코스탄드와 칼칸리 마을의 알렉산더, 에렌코이 보석상 야니키 사이의 금 4킬로그램을 둘러싼 소송이 해결되어야 한다고 지적했다. 또한 보물이 발견됐을 것으로 추정되는 지역에서 모든 발굴이 완전히 중단됐다고 기록했다.

우리는 이 글의 시작 부분에서 '프리아모스의 보물'과 관련한 문제들을 열거한 바 있다. 그 문제 가운데 하나는 보물들이 발견된 날짜이다. 지금까지 1873년 5월 27일과 6월 17일 사이의 여러 날짜가 제시된 바 있다. 이제딘 에펜디 보고서는 유물이 발견된 기간으로 5월 말을 언급했지만 어떤 날짜를 특정한 것은 아니었다. 그렇지만 이 정보는 현재 많은 전문가들이 가장 확률이 높은 날짜로 생각하고 있는 1873년 5월 31일과 모순되지 않는다.

또 다른 문제는 편년과 관련한 것이다. 즉 이 보물들이 트로이 어느 시기에 해당하는지의 문제이다. 칼버트와 되르프펠트는 슐리만이 발견한 유물 다수가 슐리만이 생각했던 것보다 최소 1천 년 이전에 만들어졌으며, 따라서 이 유물들은 당연히 호메로스가 묘사한 트로이나 트로이의 전설적인 왕 프리아모스의 소유품일 수는 없다. 유물이 발견된 위치에 대한 슐리만의 진술이 사실인지 여부도 여전히 논쟁 중이다. 2000년에 시작된 이 문제에 대한 가장 최근의 고고학적 분석은 만프레드 코프만이 한 것이다. 코프만은 '프리아모스의 보물'이 아마도 트로이 II기의 첫 번째 혹은 두 번째 단계, 또는 적어도 트로이 III기에 속했으며, 트로이 IV기에는 절대 속하지 않는다고 주장했다. 다시 말해서 '프리아모스의 보물'은 기원전 2500년으로 편년된다.

이 보물들은 트로이 II기에 해당하는 것이라고 합리적으로 주장할 수 있음에도, 나머지 대부분의 유물은 어떻게, 누가 발견했는지 불분명하다. 슐리만의 발굴 보고서에 서술된 내용과는 반대로 우리는 그의 문서에 대한 이전 연구를 통해 보물들이 발견됐을 때 슐리만의 아내 소피아가 트로이에 없었다는 사실을 알고 있다. 소피아 부친의 갑작스런 죽음 때문에 그녀는 1873년 5월 7일 트로이를 떠났다.

이 사실은 윌리엄 코플랜드 볼라즈(William Copeland Borlase, 18 48~1899)의 글에 명백히 드러난다. 볼라즈는 영국의 골동품 애호가이자 자유당 정치가인데, 트로이를 방문하고 〈프레이저 매거진(Fraser's Magazine)〉 1878년 1월호에 그가 트로이에서 받은 인상을 글로 썼다. 볼라즈는 슐리만이 가장 신임하던 피고용인인 에렌코이 출신 야니키와 어떻게 보물이 발견됐는지에 대해 대화를 나누었다. 야니키는 보물이 발견될 당시 슐리만과 같이 있었던 유일한 인물이었다고 진술했다. 야니키에 따르면 그 보물들은 구리와 약간의 순금 제품을 포함한다. 비록 몇몇 학자들이 보물이 발견됐을 때 제3의 인물이 존재했다고 주장했지만, 볼라즈의 설명에 기대어 보면 이러한 주장은 타당한 것 같지 않다.

우리는 에렌코이의 야니키가 슐리만에게 중요한 인물이었다는 점을 잘 알고 있는데, 이는 볼라즈의 설명에 신뢰를 더해 준다. 야니키의 이름은 슐리만의 일기에 자주 등장한다. 그는 슐리만을 대신해 지출과 일정, 회계 문제를 해결했으며, 신뢰받는 사원이었던 것으로 보인다. 경우에 따라 트로이 유물의 처리를 위해 오스만 당국과 접촉하기도 했다. 1872년 헬리오스에서 나온 메토프metope, 신전 부조 장식 가운데 하나 — 역주의 밀반출 작업을 준비한 것도 야니키였다. 야니키는 슐리만을 위해 더 많은 일을 했을 것으로 생각된다. 왜냐하면 1883년 야니키가 카라멘데레스강에 빠져 익사한 이후에도 슐리만은 정기적으로 그의 가족에게 돈을 보냈기 때문이다.

　이제딘 에펜디 보고서에 등장하는 4킬로그램의 금을 둘러싸고 야니키와 두 명의 럼 사람(그 지역의 그리스어를 사용하는 인구 집단) 사이에 벌어진 갈등이 무엇인지 확실하지는 않다. 두 사람은 트로이에서 일했던 인부였을 것이다. 야니키는 이 두 사람이 트로이 혹은 다른 곳에서 발견한 금을 슐리만을 대신해 구입했을까? 왜 그들과 합의하지 못했는가? 슐리만은 왜 1873년 6월 6일 아테네로 보물을 밀반출한 후 열흘 동안 트로이에 머물렀는가? 많은 의문들이 해결되지 않은 채 남아 있다. 슐리만이 안톤 데티에르에게 보낸 편지를 통해 우리는 그가 소소한 일들을 마무리 짓기 위해 트로이에 머물러야만 했다는 것을 알고 있다. 하지만 그 일이 무엇이었는지는 알지 못한다. 우리는 또한 슐리만이 그의 일기에서 여러 차례 언급한 바와 같이 트로이에서 일했던 인부들이 발굴 조사 동안 유물을 훔쳤다는 사실을 알고 있다. 이스탄불 고고학 박물관의 '인부들의 보물'에 포함된 유물들이 이 과정에 대한 실체적 증거이다. 흥미롭게도 이 유물들은 럼 사람들의 마을인 예니세히르 마을에서 당국에 압수당했다. 어떠한 일들이 있었는지에 대한 약간의 단서가 있지만, 결국 그 어느 것도 확신할 수 없다. 또한 우리는 이제딘 에펜디 보고서에 기술된 4킬로그램의 금이 슐리만의 첫 번째 보고서에 언급되지 않은 보물인지 아닌지, 슐리만이 야니키를 통해 이 유물들을 구입한 뒤 보고서에 추가된 유물들을 포함시켰는지 아닌지에 대해 알지 못한다. 그렇지만 이 제딘 에펜디 보고서를 포함해 이용 가능한 모든 자료를 분석해 1873년에 일어났던 사건들을 복원하면 다음과 같다.

1872년 이후로 슐리만은 트로이 II기에 해당하는 층위의 발굴에서 조그마한 크기의 유물들을 발견했다. 당시 슐리만은 히사를리크 언덕이 호메로스가 묘사한 트로이 유적이라고 보여 주려는 욕망에서 그가 통제할 수 없을 정도의 인원인 120여 명의 인부를 고용해 대규모로 발굴을 진행했다. 결과적으로 인부들은 발견한 유물을 슐리만에게 숨겼다. 그리고 슐리만은 자신이 히사를리크 언덕에서 1873년 4월까지 발견한 수많은 귀중한 유물을 카라륵 항구를 통해 밀반출했다. 당시에 야니키는 슐리만을 대신해 인부들이 발견해 가지고 있던 유물들을 구입하고자 노력하고 있었다. 슐리만 자신은 야니키의 도움으로 1873년 5월 31일 더욱 귀중한 유물들을 발견했다. 아민 에펜디의 조사를 불안하게 생각한 그는 유물들을 큰 바구니 여섯 개에 담아 트로이 근처에 있던 프랭크 칼버트의 농장으로 보냈다. 거기에서 유물들은 다시 야니키와 스피리돈 디미트리오스의 감시하에 카라륵 항구를 통해 그리스로 밀반출됐다. 이때 야니키는 슐리만을 위해 인부들로부터 금을 되찾아 온 것 같다. 아마도 인부들과 야니키 사이에 금 구매 대금 문제가 발생하자 이 사건이 법정으로 가게 됐다. 슐리만은 옷에 보물을 숨기는 방법으로 차낙칼레 세관을 통과해 마지막 남은 보물들을 아테네로 밀반출했다. 1873년 8월 5일 그가 발견한 유물들은 〈아우크스부르크 알게마이네 자이퉁〉에 함께 발견된 하나의 유물 세트, 즉 '프리아모스 왕의 보물'이라는 위대한 보물로 보고됐다. 곧이어 아테네 법정에서 보물 사건에 대한 심리가 시작됐는데, 이는 '프리아모스 왕의 보물'의 소유권을 둘러싼 오랜 분쟁의 전반부였다.

7

호메로스의 섬들

ISLANDS OF HOMERS

사람들은 언제나 섬에 매혹된다. 섬은 현실에서 도피할 피난처로, 안정감을 주는 평범한 삶에서 벗어난 장소로 여겨졌다. 섬사람들은 종종 제한된 자원만으로 삶의 방식을 유지하는 전문가이며, 환경적 제약으로 인한 무모함으로 유명하다. 호메로스의 《일리아드》와 《오디세이아》에 등장하는 수많은 섬과 켈트 신화에 등장하는 신비의 섬에서 알 수 있듯이, 섬은 유럽 신화에서 중요한 역할을 한다. 그리고 셰익스피어의 《템페스트》와 다니엘 디포의 《로빈슨 크루소》와 같은 문학 작품에 등장하는 섬을 보면 섬 생활이 매우 힘들고 쓸쓸하다는 생각이 강하게 든다.

차낙칼레 해안에서 떨어진 보즈카다와 괴크체아다섬은 많은 전설 속 사건의 무대이며, 이러한 전설들은 섬 역사의 일부가 된다. 이 매혹적인 두 섬은 전쟁과 자연재해를 간간이 겪으며 수백, 수천 년의 역사를 이어 왔다. 신화는 그들의 역사에 촘촘하게 엮여 있고, 아마도 섬사람이라는 정체성은 바로 이 신화에 의해 상당 부분 형성된다.

섬사람이라는 정체성의 개념, 섬사람들이 차낙칼레를 바라보는 방

그림 65 보즈카다(테네도스)와 성채

그림 66 다르다넬스 해협 입구

식, 차낙칼레 사람이 섬을 바라보는 방식을 알아보기 전에 우리는 이 두 섬의 역사에 대해 간략히 살펴볼 필요가 있다.

호메로스의 섬들

호메로스의 서사시 《일리아드》와 《오디세이아》에 묘사된 섬들은 수천 년을 거슬러 올라가는 신화, 역사, 자연이 결합된 매혹적인 세계의 일부이다.

호메로스는 올림포스산에 거주하는 제우스의 리더십 아래 있었던 신들의 모임을 언급했는데, 이 모임에서 전쟁의 향방이 바뀌는 결정이 내려졌다. 이러한 전설들은 단순한 신화적 배경을 넘어 인간 비극의 역사적 원인을 설명하려고 노력했다. 신들의 시각을 통해 드러나는 서사들은 또한 트로이 왕국의 지리를 묘사하고 있다. 지도가 없을 당시에 트로아드 지역을 마치 조감도처럼 훌륭하게 상세히 묘사하고 있다.

호메로스의 《일리아드》에 나타난 지형 묘사 가운데 가장 흥미로운 내용은 권 13의 내용이다. 제우스는 이다산 정상에서 트로이 평원에서 벌어지고 있는 전투, 헥토르가 아카이아 함선 쪽으로 싸워 가면서 아카이아 전사들을 죽이는 장면을 보고 있었다. 제우스가 산 정상에서 바라본 풍경은 그 지역의 지형과 일치한다. 이다산 정상에서 북서쪽으로 바라보면 그는 바다 저 건너 트라키아까지 바라볼 수 있었을 것이다. 호메로스가 묘사한 이 풍경에서 섬 역시 중요한 역할을 했다. 사모트라케는 눈에 띄는 산봉우리와 함께 트로이 북서쪽으로 대략 70킬로미터 떨어진 곳에 위치하며, 임로즈의 섬들은 그 중간쯤에 있다. 임로즈는 산지 지형

그림 67 트로아스와 섬들

으로 이루어신 섬이기 때문에 사모트라케에서 트로이 평원을 보는 것은 불가능하다고 추론하는 것이 자연스럽다.

19세기 영국 여행가 윌리엄 킹레이크(William Kinglake)도 그렇게 생각했으나 1844년 그가 트로이를 방문한 다음 이러한 추측이 틀렸다는 점이 증명됐다.

"글쎄, 지금 내가 왔는데, 남쪽으로는 테네도스고, 여기 내 쪽에서는

임로즈가 잘 보인다. 지도에 따르면 임로즈 너머 높이, 하늘 높이 저
멀리에 사모트라케, 포세이돈의 망루가 있다."

비록 날씨에 따라 그러한 먼 거리 너머를 선명하게 볼 수 없을 때도
있지만, 일 년 중 어떤 때에는《일리아드》에 묘사된 지형적 특징을 분명
하게 볼 수 있었다.

《일리아드》권 13에서 호메로스는 헬레스폰토스(차낙칼레 해협)
는 트라키아와 프리아모스의 왕국 사이 경계를 표시한다고 말하고 있
다. 오늘날 이 해협은 여전히 아시아와 유럽의 경계이다. 정치적 경계로

서 해협의 역할은 《일리아드》 마지막 권에서 논의된다. 아들 헥토르의 시신을 가져가려고 방문한 프리아모스 왕과의 대화에서 아킬레우스는 프리아모스 왕의 영토가 남쪽으로는 레스보스(Lesbos)에게해 북동쪽에 있는 그리스섬―역주, 동쪽으로는 프리기아까지 뻗어 있다고 말한다. 이 지역의 지형적 특징은 호메로스가 높은 곳에서 바라본 전경을 묘사한 내용과 일치한다. 트로아스 남서쪽 모퉁이에서 아소스(Assos)트로아드에 있는 터키 베람칼레―역주와 바바 부르누(Baba Burnu)곶차낙칼레 서쪽 끝 지역―역주 사이에 있는 레스보스의 섬들이 그 위용을 드러낸다. 이 서사시에서 가장 중요한 영웅인 아킬레우스는 이 지역을 잘 알고 있다. 아킬레우스는 레스보스를

그림 68 트로이 항구 베식만과 테네도스

약탈하는 동시에 아가멤논^{프리아모스 왕의 오기로 판단됨 - 역주}이 이끄는 섬 세력을 물리치고자 거기로 갔다.

따라서 트로아스와 트로이 왕국의 경계는 레스보스와 같은 먼 곳까지 확장됐다. 《일리아드》의 신화, 지리 그리고 역사적 특징들은 이 지역 섬과 그 섬에 거주하는 사람들의 역사에 결정적인 역할을 한다. 섬 주민이 된다는 것은 먼 과거와 깊게 연결되는 문화적 전통에 다가가는 것이다.

전설상의 섬 가운데 두 섬, 보즈카다와 괴크체아다는 차낙칼레주의 일부이다.

보즈카다

보즈카다(테네도스)의 역사는 기원전 3천 년경으로 거슬러 올라간다. 차낙칼레 박물관은 1959년, 1968년, 1990년부터 1992년까지 진행된 공동

묘지 발굴 과정에서 발견된 이 시기의 비문(트로이 I 기에 해당)을 가지고 있다. 그러나 이 섬에 대한 발굴과 기타 고고학 연구가 불충분하다는 것은 섬의 선사 시대에 대해 거의 알려진 바가 없음을 의미한다.

공동묘지 발굴 조사 과정에서 초기 청동기 시대에서 철기 시대, 기원전 7~6세기와 기원전 4세기에 해당하는 후대 무덤도 발견됐다. 그 무덤들은 그리스인과 오스만인이 공동묘지로 계속 사용했기 때문에 상대적으로 덜 훼손됐다. 무덤이 수천 년간 지속적으로 사용됐다는 사실은 테네도스가 흑해와 에게해, 지중해 사이의 해양 교통로에 위치한다는 전략적 이유로 선사 시대부터 지속적으로 점유되고 있었다는 점을 보여 준다. 그러나 같은 이유로 역사 전반에 걸쳐서 숱한 전쟁과 함께 셀 수 없는 전투의 무대가 됐다. 고대 그리스 지리학자 스트라보(Strabo, 기원전 63/64~서기 24)는 테네도스를 다음과 같이 기술하고 있다.

시게리안(Sigeian)곶과 아킬레이움(Achilleium)스카만드로스

그림 69 테네도스와 인근 지역

그림 70 1900년경 구 테네도스

강 입구에 있는 도시 — 역주은 테네도스 반대편에 있는 해안이며 아카이움(Achaeium) 그리스 군인들이 내렸던 트로이 항구 — 역주과 테네도스 자체는 대륙으로부터 40스타디아 고대 그리스의 측량 단위인 스타디온(stadion)의 복수형으로, 1스타디온은 약 185미터에 해당 — 역주가량 떨어져 있다. 테네도스 둘레는 대략 80스타디아다. 테네도스는 도시인 아이올리아와 두 항구, 아폴론(스민테우스) 신전을 포함하고 있다. 시인(호메로스)은 "스민테우스, 테네도스 위에 군림해 온 당신……" 이라고 증언하고 있다.

— W. 팔코너 옮김, 《스트라보의 지리학》, 권 13, 런던, 1903, p.373

고대 시기 다른 작가들은 테네도스에 두 개의 항구가 있다면서, 이 섬 최초의 취락 이름이 무엇인지 말하고 있다. 당시에 테네도스 사람들의 영향하에 있는 지역은 아나톨리아 해안의 콜로네(Colonae) 트로이 동남부에 위치한 도시 — 역주와 라리사(Larisa) 그리스 중부 도시 — 역주를 포함하는 먼 지역에까지 이른다. 테네도스는 콜로네 왕 키크노스(Cycnus)의 아들 테네스 (Tenes)의 이름을 딴 것이다. 많은 연구자가 지적한 바와 같이 테네도스는 선(pre)그리스 계통 이름이다. 트로이라는 이름처럼 테네도스라는 이름은 아마도 아나톨리아 토착어에서 기원한 것으로 추정된다. 테네도스 사람은 테네스와 관련된 전설에서 기원하는 격언이나 속담의 대상이 되기도 하는데, 이를테면 '중상모략을 하거나 혹은 테네도스 사람처럼 말한다'와 같은 것이다. 역사가 스테파누스 비잔티누스_{서기 6세기에 활약한 역사가이자 지리학자 — 역주}에 따르면, 이 격언은 어느 플루트 연주가가 테네스를 자기 계모와 바람을 피웠다고 거짓으로 고소한 이야기와 관련이 있다고 한다. '테네도스 사람처럼 거칠다'라는 격언도 같은 방식으로 근거가 없는 비난에 무자비한 사람을 표현할 때 사용됐다. '테네도스의 도끼'라는 속담도 테네스와 관련이 있으며, 다음과 같은 전설에서 기원했다. 고소당한 뒤 아버지와 사이가 틀어진 테네스는 테네도스섬에 살기 위해 갔다. 아버지는 진실을 알고 아들과 화해하고자 테네도스로 항해했는데, 테네스는 화해를 거부하고 아버지의 배가 항구에 정박하려고 묶은 밧줄을 끊었다. 때때로 다른 전설이 이 속담의 기원으로 인용됐지만, 아리스토텔레스에 따르면 고대에는 단지 소수의 작가들만이 이 전설을 신뢰했다고 한다. 이 전설은 테네도스 왕이 간통을 저지른 사람을 도끼로 죽이는 법을 통과시키면서, 간통을 저질렀다면 자신의 아들조차 그 처벌에서 벗어날 수 없었다는 것을 말한다. 라브리스(Labrys)라는 의례용 양날 도끼는 테네스가 살던 당시보다 앞선 시대, 즉 상고 시대의 의례용 상징이다. 이 도끼들은 미케네와 크레타에서 발견된 바 있으며, 심지어 기원전 3천 년대로 편년되는 더 이른 시기 사례들이 아나톨리아의 트로이, 보가즈쾨이(Boğazköy)_{현재 보이즈칼레로, 히타이트 제국 수도인 하투샤를 말한다. — 역주}, 아스란

테페(Arslantepe) 기원전 4천 년 이래 순동 시대, 청동기 시대, 히타이트 시대에 걸쳐 번성했던 고대 유적 − 역주에서 발견됐다. 의례용 양날 도끼와 같은 상징은 후대 테네도스인의 동전, 특히 기원전 420년경으로 편년되는 동전에 등장한다. 이 동전에 등장하는 또 다른 모티브는 포도송이인데, 이는 당시 도서 지역에서 디오니소스 숭배가 성행했음을 보여 준다.

아폴론 숭배도 테네도스에서 행해졌으며, 아폴론을 위한 신전의 존재 역시 고대 기록에 언급되어 있다. 이 신전 터는 아킬레우스가 창으로 테네스를 죽인 장소로 묘사된다. 트로이 전쟁 당시 아카이아인이 테네도스에 왔을 때 테네스는 그들을 향해 돌을 던졌다. 이는 그가 트로이 편에 서 있음을 보여 주었다. 이때 아카이아의 아킬레우스는 테네스를 죽이고 테네도스를 파괴했다. 테네도스인이 트로이인과 공조했다는 사실은 확실히 그들이 아나톨리아에 기원을 두고 있었다는 점을 말해 준다. 또 다른 전설에 따르면, 아폴론 신전은 테네스가 살해된 곳에 세워졌고, 신전 규칙에 따라 플루트 연주자들은 구성원 중 한 명이 테네스를 부당하게 기소했다는 이유로 출입이 금지됐다. 신전에서 아킬레우스의 이름을 말하는 것도 금지됐는데, 이는 고대에 종교 제의가 어떻게 진행됐는지 짐작하게 한다. 고대 기록은 테네도스에서 행해진 아폴론에 대한 종교 제의와 신에게 봉헌된 제단 유적의 존재를 확인해 준다. 테네도스섬은 여인의 아름다움과 은제 그릇을 모방한 유약을 바른 토기로도 유명하다. 호메로스와 다른 고대 자료들은 이 섬이 그리스인이 트로이를 공격하고자 떠날 때 사용한 기지 역할을 했다고 전한다. 후대에 레스보스섬에서 온 아이올리스인(Aeolian)이 이 섬에 정착했다.

테네도스와 칼케돈(Chalcedon, Kadıköy, 카디코이) 비잔틴 반대쪽에 위치한 소아시아 도시 가운데 하나 − 역주 사이에는 오랫동안 이어진 정치적, 종교적 관계가 분명히 존재했다. 기원전 3세기와 기원전 2세기 사이로 편년되는 비문들을 보면 칼케돈인이 테네도스인에게 정치적 망명을 허락해 줄 것을 요청했다고 한다. 아마도 이 두 세력 간 연대는 이들이 페르시아에 대항하는 입장에 있었기 때문에 가능했을 것이다. 페르시아에 대항한 1차 전쟁에서 테네도스가 점령당했다. 후대에 이 섬은 다시 아테네에 굴복했으며, 조공품 목록에 여러 차례 등장한다. 테네도스는 3 혹은 4달란트의 공물을 아테네에 바쳤는데, 조그마한 섬에게는 상당한 금액이다. 심지어 펠로폰네소스 전쟁에서 레스보스섬이 멸망한 다음 테네도스섬은 아테네의 통치하에 머물게 됐다. 그러나 기원전 389년에 있었던 코린토스 전쟁 시기에 테네도스는 라케데모니아인(Lacedaemonians)라코니아(Laconia), 스파르타인 — 역주에게 파괴됐다. 후대에 섬은 다시 페르시아의 점령하에 놓였고, 알렉산드로스 대왕에 의해 해방됐다가 얼마 후에 사트랍 아르혼(Satrap Archon)기원전 321년 마케도니아 출신으로, 알렉산드로스 대왕 사후 바빌로니아 사트랍, 즉 총독으로 임명됨 — 역주에게 다시 정복당했다. 서기 2세기에 테네도스는 로마와 연합했다. 이 때문에 2차 마케도니아 전쟁기원전 200년부터 기원전 197년 사이에 마케도니아의 필리포스 5세와 로마와 연합한 페르가몬과 로도스가 벌인 전쟁 — 역주 당시 로도스 함대가 마케도니아 필리포스 5세의 손아귀에 있던 아비도스(Abydos, Nagra Burno, 나그라 부르노곶)를 공격하기 전에 테네도스 항구에 정박할 수 있었다. 기원전 1세기 후반까지 지속된 전쟁으로 테네도스는 매우 취약한 상태였고, 섬 주민들이 알렉산드리아 트로아스에 예속되기를 자청한다. 5세기가 지나고 서기 478년과 491년에 거대한 지진이 발생해 섬을 파괴했으며 수천 명의 사람들이 죽었다. 이 섬은 제4차 십자군이 1204년 콘스탄티노플을 점령했을 때 다시 정복됐으며, 렘노스(Lemnos)와 사모트라케를 포함하는 특권적 지위를 가진 섬 가운데 하나가 됐다. 1303년에는 테네도스에 많은 해적들이 들끓었으며, 1304~1305년에 제노바의 안드레아스 무리스코스 에게해에서 활동했던 제노바 출신 해적 — 역주 휘하의 배 두 척에 의해 해방됐다. 그리고 나서 제노바인은 이 섬을 그대로 방치했다. 동로마 제국 황제 요안니스 5세와 요안니스 6세 사이에서 벌어진 비잔틴 내전 동안 요안니스 5세는 테네도스를 군사 기지로 사용했다. 1353년 3월에 그의 배가 콘스탄티노플을 장악하려고 시도했으나 성공하지 못했다. 1376년 10월, 테네도스는 제노바에 예속되기보다 베네치아의 통치를 자발적으로 받아들였다. 1381년 8월 8일에 맺어진 평화 조약에 의거해 테네도스에서 군대뿐만 아니라 일반 주민도 모두 철수했으며, 베네치아 총독 자나치 무다조가 이를 막으려고 노력했으나 1381년 11월 14일과 1382년 여름 사이에 섬 주민 대략 4천 명이 크레타와 유리포스(Euripos)로 보내졌다. 1390년 이래 베네치아인은 비잔틴에 있던 테네도스인의 귀환을 허락했다. 그다음으로 1390년, 1406년, 1423년, 1431년, 1436년, 1442년, 1447년에 비잔틴과 베네치아 사이에 맺어진 평화 조약 덕분에 섬에는 평화가 유지됐다. 1453년에 오스만이 콘스탄티노플을 정복했으며, 1454년 겨울에는 유누스 제독 지휘 아래 있던 배들이 깨끗한 물을 얻고자 테네도스에서 이틀간 머물렀다. 1478~1479년에 술탄 메메드 2세는 테네도스에서 1383년에 파괴된 성을 재건했는데, 그 이후 현재에 이르기까지 테네도스(이후 터키식 이름으로 보즈카다라고 알려진다)는 거의 계속해서 터키의 통치 아래 남아 있다.

보즈카다섬에는 전쟁, 황량함 그리고 귀양으로 특징지어지는 많은 사건과 비극적 역사가 있다. 이는 20세기 초반에도 반복되는 패턴이며, 섬과 연관된 이러한 고통은 신화에도 반영된다.

반면 차낙칼레의 두 번째 섬 괴크체아다의 운명은 이와 약간 다르다.

괴크체아다

괴크체아다(Gökçeada, Imbros, Imroz)는 차낙칼레 해협 남쪽 입구에서 북서쪽으로 20킬로미터가량, 사모트라케에서 남동쪽으로 24킬로미터가량 떨어진 곳에 있다. 광대한 산림과 산지 지형으로 덮여 있으며, 가장 높은 지점은 일리아스(Ilyas)산으로 높이는 671미터이다. 괴크체아다에 있는 취락은 보즈카다보다 훨씬 이른 시기인 신석기 시대(기원전 6천년)로 거슬러 올라간다. 이 섬의 두 유적에서 계속 진행된 발굴, 즉 부르친 에르도귀(Burçin Erdoğu) 교수가 진행한 우구르(Uğurlu)에서의 발굴과 하림 휘릴마즈(Halime Hüryılmaz) 교수가 주도한 예니 바뎀리(Yeni Bademli) 취락 퇴적층에 대한 발굴은 선사 시대부터 이 섬에 많은 인구

그림 71 괴크체아다섬에서 바라본 사모트라케섬 전경

가 살았음을 보여 준다. 임로즈라는 이름은 '고귀한 지모신'을 의미하는 루비아어 단어 임(아)-우라(İm(a)-ura)에서 온 것으로 생각된다.

임로즈는 호메로스의 《일리아드》에서 자주 언급된다. 이 서사시에서 아킬레우스가 트로이 주변 지역을 약탈하는 동안 프리아모스의 아들들을 포로로 데려가 임로즈와 사모스, 렘노스에 노예로 팔았다고 한다.

기원전 513년, 페르시아군 지휘관 오타네스는 레스보스섬에서 이곳으로 항해해 왔다. 기원전 479년, 페르시아가 그리스에 패배한 이후 서부 아나톨리아 해안 도시들과 에게해 섬들은 독립을 되찾았다. 임로즈는 아테네가 주도하는 델로스 동맹에 참여해 스파르타와의 전쟁에서 아테네 편을 들어 싸웠다. 기원전 387년 전쟁 중인 그리스 국가들과 페르시아 사이에 체결된 안탈키다스(Antalkidas) 화약에 따라 임로즈는 로마 시대 이전까지 아테네 통치하에 있게 됐다. 중세에는 다른 에게해 섬들처럼 섬을 통치하는 세력이 반복적으로 바뀐다. 1261년부터 1453년까지 비잔틴 제국 소유였고, 15세기 말에는 술탄 무라트 1세(Murad I, 재위 1362~1389) 재위 당시 다양한 정치적, 경제적 계책을 사용해 튀르크인 손에서 섬을 지키고자 노력했던 가틸루시(Gattiluisi) 가문이 통치했다. 1453년 이스탄불이 정복한 이후에 이 가문은 매년 금화 1,200개를 바치면서 이 지역에 대한 권력을 유지했다. 이러한 상황은 베네치아가 이 섬을 4년간 점령하는 1466년까지 지속됐으며, 이후 다시 오스만 제국에 귀속됐다. 1683년, 오스만 제국이 빈을 두 번째로 포위했을 당시 베네치아 해군이 섬을 약탈했다.

1918년 10월 30일에 무드로스(Mudros) 휴전 조약제1차 세계 대전 당시 오스만 제국과 연합군 사이에 맺어진 휴전 조약 — 역주이 체결된 이후 임로즈와 에게해에 있는 다른 오스만 제국 섬들은 연합군에게 분할됐다. 임로즈는 1923년

그림 72 호메로스의 섬 괴크체아다

7월 24일 로잔 조약에 따라 터키에 반환됐다.

　　호메로스 작품에서 크게 부각되는 트로아스섬들은 선사 시대 이래로《일리아드》에 등장하는 트로이 전쟁, 가장 최근 사건이자 트로이 전쟁의 마지막으로 여겨질 수 있는 갈리폴리 전투 등과 같은 많은 전쟁에서 매우 중요한 역할을 담당하며 격동의 역사를 공유하고 있다.

비극과 운명의 공유

오스만 제국의 점진적인 해체 과정은 20세기 첫 20년 동안 계기를 마련했다. 결국 그에 따라 기존 제국을 새로운 터키 민족 국가로 대체할 필요가 생겼다. 발칸 전쟁 중인 1912년 10월 18일 괴크체아다는 그리스인에게 점령당했다. 1913년 5월 30일 체결된 런던 조약에 의거해 오스만 제국은 크레타섬을 발칸 국가들에게 양도했으며, 유럽 강대국들이 다른 모든 에게해 섬과 아토스산의 운명을 결정하도록 허락해야 했다. 1913년 11월 14일 그리스와 오스만 제국 사이에 체결된 아테네 조약에 따라 괴크체아다, 보즈카다와 키오스(Chios)는 오스만 제국 손에 남았다. 그러나 조약 조건이 충족되지 않자 그리스는 제1차 세계 대전 기간에도 이 섬들을 계속 지배했다. 갈리폴리 전투 동안 괴크체아다와 보즈카다 모두 연합군에 의해 해군 기지로 사용됐으며, 1923년 7월 24일에 체결된 로잔 조약에 따라 터키에 반환됐다.

　　그전인 1923년 1월 30일, 터키와 그리스는 로잔에서 그리스인과 터키인의 교환과 관련한 협정을 다시 체결했다. 이 협정이 체결되기 직전 그리고 직후에 일어났던 주민의 이주는 에게해 양쪽에 흔적을 남겼으며,

오늘날까지도 그 흔적을 살펴볼 수 있다.

섬 주민들이 자기 정체성을 느끼게 된 때는 이와 같은 어려운 시기였다. 차낙칼레는 이러한 이주에 깊은 영향을 받은 장소 가운데 하나이다. 이 주제에 대한 구술사 연구에서 귀리즈 에르긴소이(Güliz Erginsoy) 교수는 차낙칼레 바뎀리 마을에서 40세부터 90세까지의 마을 주민에게 인터뷰를 실시했다. 그들의 설명은 이러한 격변으로 삶이 어떻게 영향받았는지 심층적인 그림을 제공하고, 오늘날 우리가 직면하고 있는 문제를 어떻게 해결할 수 있는지 말한다.

장소와 건물은 사회 인류학에서 가장 중요한 은유의 중심에 놓여 있다. 가옥은 사회의 유형적이고 영구적인 표현이며, 개인의 사회적 본질이다. 따라서 귀리즈 에르긴소이 교수의 출발점은 이주 때문에 버려진 주거지를 포함한 가옥들이었다.

> 나는 버려진 개별 가옥 주변으로 갔다. 여기에 살았던 사람과
> 그들 사이의 계보상 관계를 기록했다. 내가 알지 못하는 사람들이
> 소유했던 장갑, 가방 그리고 다른 개인 소지품들과 그들이 작성한
> 노트를 발견했다. 문이 열린 채 남아 있는 가옥에서 타일과 골조가
> 제거됐고 지붕은 무너졌으며 짐대와 매트리스, 베틀, 선반과
> 의자들은 흩어져 놓여 있었다. 베틀은 땔감으로 사용됐고 서랍장은
> 열린 채 그 안 내용물들이 흩어져 있었다. 마루에는 신발과
> 수영복이 놓여 있었다. 마치 삶이 일순간 정지한 듯한 모습이었다.
> 나는 침묵 속에서 이 이미지들을 기록했다. 더는 말할 수 없을
> 때까지 그리고 내가 본 것을 더는 이해할 수 없을 때까지 울었다.
> 나는 그런 경험을 하거나 그런 광경을 보게 될 줄 상상도 못했다.

강제 이주는 양쪽 모두에게 똑같이 영향을 끼쳤다. 1923년부터 1925년까지 드라마(Drama), 카발라(Kavala), 크레타, 살로니카에서 태어난 50만 명의 터키인이 터키에 도착했다. 그들 대부분은 과거 그리스로 떠난 그리스인이 소유했던 지역에 정착했고, 일부는 차낙칼레에 정착했다. 20세기 초반 괴크체아다에 영향을 끼쳤던 비극이 1970년 보즈카다에서 반복됐다. 그해에 보즈카다를 떠나야만 했던 디미트리 카크미오글루(Dimitri Kakmioğlu)는 후일 소설을 썼는데, 이 소설에서 섬과 섬 주민이 된다는 것의 느낌을 묘사했다.

> 그리스인의 이면을 살펴보면 터키인을 발견한다. 당신이 터키인의 눈을 바라보면 그 터키인(실제로는 그리스인)이 당신을 되돌아본다. 우리는 오랫동안 함께 살아왔기 때문에 양자를 분리할 수가 없다. 여기에서 사람들은 북동풍을 포이라즈(Poyraz)라고 부른다. 포이라즈는 어느 곳에나 있다. 당신이 마시는 물과 당신이 먹는 음식으로 스며들어 간다. 포이라즈는 당신 피부 밑으로 들어가서 마치 북처럼 당신 몸을 부풀어 오르게 한다. 나는 오랫동안 폭풍우와 같이 거세고 변화무쌍한 섬 바람 속에서 살았다. 심지어 내가 그렇게 하고 싶어도 나는 다른 공기로는 숨 쉴 수조차 없었을 것이다. 이것이 섬사람이 된다는 것이다. 테네도스는 당신 핏속으로 들어가고 당신은 바닷바람의 일부가 된다. 당신은 그 공기로 숨을 쉬고 그 안에서 수영을 한다.

그렇다, 과거의 모든 비극에도 불구하고 섬 주민이 된다는 것은 바람과 지형으로 만들어진 삶을 산다는 것이다. 섬 주민이 된다는 것은 본

토의 모든 편견에 찬 멸시를 무릅쓰고 섬에 귀속된다는 의미이다. 스스로를 정의하며 외부 세계로부터 단절되고, 외부 세계와 본토의 정반대에 있으며, 자신의 경계 안으로 한정되는 그 어떤 것을 의미한다.

8

트로이, 신화에서 역사로
TROY : FROM MYTHOLOGY TO THE HISTORY

상상, 꿈, 역사, 신화, 전설, 이야기, 실제

헬레네는 세계에서 가장 아름다운 여인이다. 그녀의 아름다움 때문에 모든 그리스 왕자들이 그녀와 결혼하기를 원했다. 그 모습을 보면서 헬레네의 아버지는 모든 후보자에게 다음과 같이 약속하게 했다. 헬레네가 그들 가운데 한 사람과 결혼하면, 나머지 모든 후보자는 살아 있는 동안 헬레네의 남편을 지지할 것. 이 약속이 맺어진 후 헬레네는 아가멤논의 형제 메넬라오스와 결혼한다. 트로이 왕자 파리스가 이다산에 있는 세 여신 사이에서 누가 가장 아름다운지 결정하는 동안, 헬레네는 메넬라오스의 아내가 되었다. 파리스는 헬레네를 납치했고, 아프로디테의 도움을 받아 그녀를 트로이로 데려왔다. 이에 대한 대응으로 이미 약속한 바와 같이 그리스의 모든 왕자가 모여 헬레네를 되찾고자 수천 척의 함선으로 트로이 원정을 떠난다. 전쟁은 아카이아인이 생각하는 것보다 훨씬 오랫동안 이어져서 10년간 지속됐다. 트로이 장군 헥토르도, 아

그림 73 에트루리아 고기 도자기에 그려진 오디세우스의 여정

카이아인 중 가장 강한 전사였던 아킬레우스도 죽고 말았다. 전쟁은 오디세우스의 목마를 이용한 계책으로 끝났다. 아카이아인은 도시 성문 앞에 최정예 전사들이 탄 목마를 신에게 바치는 것인 양 남겨 두었다. 트로이인은 어느 정도 시간을 두고 목마를 성안으로 가져올지 고민하다가 결국 안으로 들여왔다. 그러자 야밤을 틈타 목마에서 나온 아카이아 병사들은 불을 밝혀 테네도스 너머에서 기다리고 있던 배들에 신호를 보내고 트로이의 성문을 열었다. 이렇게 트로이는 불타올랐고 결국 멸망했다. 도시가 멸망한 후에 헬레네는 남편 메넬라오스에게 돌아갔으며, 트로이 왕 프리아모스와 다른 이들은 살해되고 여인들은 노예로 잡혀갔다.

　　이 이야기가 호메로스가 2,700여 년 전에 쓴 서사시 《일리아드》와 《오디세이아》에서 묘사한 사건들이다. 그러나 이 가운데 어디까지가 실

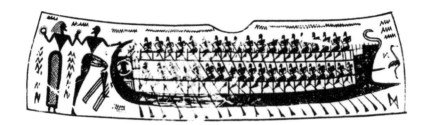

그림 74 기원전 700년경에 그려진 헬레네의 유괴

그림 75 1829년 티슈바인이 그린 《일리아드》의 영웅들

제이고, 어디까지가 상상인가? 어느 만큼이 역사이고 또 어디까지가 꾸며 낸 이야기인가? 이 질문에 대답을 하는 것은 그렇게 쉬운 일은 아니다. 우리가 역사란 무엇인지에 대해 질문을 던질 때 고전적인 대답은 다음과 같다. 역사는 기록에 의존해 장소와 시간을 특정하는 것에 의해 과거에 일어났던 사건과 행위(전쟁, 문화, 문명 등등)를 조사하는 일종의 과학이라는 것이다. 아라비아어에 기원을 둔 역사라는 단어(역사를 의미하

그림 76 15세기에 그려진 트로이 목마

는 터키어 단어는 'tarih'이며, 이 단어는 아라비아어에서 왔다)는 연대순으로 사건을 나열하는 것, 즉 연대기 작업을 의미한다. 하지만 일상 언어에서 다른 의미를 띠는 구절들이 있다. 예를 들면 '역사를 다시 쓰다', '역사를 이루다', '역사가 되다' 등등이 바로 그것이다. 다른 말로 역사가 우리에게 말해 주는 것이 이야기인지, 꾸며 낸 소설인지 아니면 실제인지 항상 분명한 것은 아니다. '나에게 소설을 말하지 마'라는 말에서는 '소설'을 역사의 근거가 되는 현실과 정반대로 인식한다. 그럼에도 모든 사람들은 모든 전설에 일말의 진실이 있다고 알고 있다.

기원전 776년 고대 그리스 국가들의 역사가 시작됐다고 보는 입장이 전통적이다. 왜냐하면 이해에 첫 번째 올림픽이 시작됐고, 이 사실이 가장 이른 연대기적 증거로 받아들여지기 때문이다. 역사 서술은 신뢰할 수 있는 연대기적 구조를 요구한다. 일어났던 사건에 대한 단순한 정보는 역사 서술에 그리 유용하지 않기 때문이다. 중요한 것은 언제, 어떤 순서로, 누구에 의해, 어디에서 이 사건들이 일어났는가이다. 다른 말로 역사를 통해 기대하는 것은 확률이나 가능성이 아니라 실제이다. 그러나 문헌 사료가 없는 시기에 대해 확실하고 분명한 역사 서술을 하기는 매우 힘들다. 그러한 경우 우리는 무엇을 해야 하는가? 실제 역사 서술에서 오로지 구술이나 비망록에만 의지할 수 없다는 것은 확실하다. 왜냐하면 문헌 사료는 어느 정도 확실한 사료로 인정받을 수 있으며, 때때로 다른 기록과 상호 대조할 수 있기 때문이다. 반면에 구술 자료의 경우 이러한 대조 작업이 가능하지 않다. 역사가는 어느 한 자료가 누구에 의해, 언제, 어떠한 정보를 가지고, 어떤 목적으로 만들어졌는지 비교 검토할 수 있고, 그로부터 결론을 도출할 수 있다. 다른 한편 구술 전통은 매우 유동적이고 끊임없이 변한다. 왜냐하면 화자가 중요하다고 판단하

그림 77 기원전 2세기에 만들어진 눈이 먼 호메로스 조상

는 요소들이 강조되거나, 생략되거나, 혹은 부차적인 요소들이 잊히고, 몇몇 외래 요소들이 이전 전통에 추가되는 등의 방식으로 변용 과정이 계속 진행되기 때문이다.

사실상 그리스 국가와 에게해 지역 역사는 기원전 776년보다 훨씬 과거로 소급된다. 의심할 여지없이 기원전 6천 년경 신석기 문화 혹은 기원전 3천 년경 초기 청동기 시대의 여러 문화에 대해 단편적으로 서술할 수는 있을 것이다. 그렇지만 단편적으로 서술한 모든 내용이 역사 시대에 해당하는 것은 아니며, 역사 시대보다 이전 시기인 선사 시대에 해당하는 경우도 있다. 연구자들주로 고고학자를 의미한다. — 역주은 에게해의 마지막 청동기 시대인 미케네 문화 혹은 서부 아나톨리아 청동기 시대 문화의 대강을 설명해 줄 수 있다. 지도자가 이끄는 전사 사회에 대한 간략한 설명이 가능하며, 원거리 지역에 위치한 국가와의 교역로, 외교 및 교역 관계를 언급할 수 있고, 권력 중심부에 있던 몇몇 왕의 이름을 제시할 수도 있다. 이 방법으로 커다란 궁전이 기원전 1200년경에 있었던 갑작스러운 재난으로 완전히 파괴되기 전까지 어떤 기능을 했는지도 파악할 수도 있다. 이 모든 것에도 불구하고 지금까지 언급한 것들은 역사와는 거리가 멀다. 왜냐하면 이 사건들을 언급하는 당대 글로 쓰인 역사 기록이 없기 때문이다. 우리는 미케네, 필로스(Pylos), 테베의 권력 중심에 있었던 황제 중 단 한 명의 이름도 모른다. 우리는 궁전이 왜, 누구에 의해 파괴됐는지에 대해서도 아무것도 알지 못한다. 우리가 할 수 있는 것은 몇 세기 후 등장한 시인에 의해 전해진 전설과 이야기들의 내용을 믿고, 그것들을 역사의 일부로 받아들이는 것이다. 의심할 여지없이 시인이 전하는 이러한 전설, 설화, 이야기들은 그 안에 최소한의 단편적인 역사적 사실들을 포함할 수 있다. 그럼에도 전문가들은 서사적 전통을 역사 자료로 받아들이지 않는다. 이러한 구술의 유산은 전설, 서사 또는 설화라고 부르지 역사라고 부르지는 않는다.

전설, 설화, 이야기 그리고 신화

전설(legend)을 가리키는 터키어 'destan'은 페르시아어 'Farsi'에서 기원해 터키어에 도입됐다. 후기 이슬람 터키 문학에 끼친 페르시아어의 다양한 영향을 보여 주는 작품 중 이란의 국민 전설《샤나메(Shahnameh)》'왕들의 책'이라는 의미이며, 페르시아 시인 페르도우시(Ferdowsi)가 서기 1천 년경에 쓴 서사시로 페르시아 제국의 역사를 노래하고 있다. ─ 역주는 매우 특별한 위치를 차지한다. 이 서사시에 등장하는 전설과 전설 속 인물, 모티프 등은 터키 민간 문학에 전해졌다. 동방이 비할 데 없는 전설의 근원이라는 사실에도 불구하고, 전설은 19세기 초 유럽에서 그림 형제(Grimm Brother)와 필립 칼 버트만(Philipp Carl Butmann)에 의해 처음으로 연구 주제가 됐다. 이 연구들에서 신화와 설화, 이야기가 구별되기 시작했다. 연구에 따르면 신화(mythology)는 신과 초월적 존재에 대해 말하는 사건으로 구성된다. 설화(fable)는 특정한 시간과 장소에서 특정한 영웅들로 이루어진 전설로 구성된다. 이야기(tale)는 특정한 역사적 장소와 시간, 인물과는 관련 없이 독립적으로 말해진다. 이들은 화자가 무엇을 이야기하려는가에 따라 시간과 공간 그리고 실제 너머에 있는 사건들과 함께 '옛날 옛적에'로 시작해 '결국 그 이후로 그들은 모두 행복하게 살았다'로 끝난다.

전문가들이 신화와 이야기 용어에 대해 말한 바는 여전히 받아들여지고 있다. 하지만 설화 개념은 고대 설화와 호메로스의 시를 읊었던 음

유시인에 의해 전해진 서사시 혹은 전설들을 특징짓는 데 아직 취약하다. 오디세우스가 트로이 전쟁 이후 10년 동안 다녔거나 혹은 그동안 길을 잃고 헤매던 여행을 제외하고, 호메로스 설화는 항상 언젠가 한번은 존재했던 도시와 나라들에서 일어난다. 이 설화들은 호메로스가 살았던 때보다 600년 또는 800년 앞서 일어났던 사건들에 대해 말하고 있다. 게다가 이 사건들은 믿을 수 있을 법한 그럴듯한 방식으로 표현된다. 모든 것은 기적에 의해 결정되는 것이 아니라 그 사건들에 포함된 능력이 있는 신들에 의해 결정된다.

호메로스 설화와 전설들은 매우 오래된 전통을 가지고 있다. 전설에서 사용된 언어는 수백 년 동안 발전해 오면서 다양한 고어와 오래된 문법적 특징을 포함하고 있다. 호메로스가 말하는 영웅들의 세계는 여러 측면에서 시인의 세계와는 다르며, 훨씬 더 먼 과거로 거슬러 올라간다. 서사시에서 언급된 도시 가운데 미케네, 티린스(Tyrins), 필로스와 트로이는 기원전 1200년 이후에는 존속하지 않았다. 기원전 8세기에 아시아 해안가에 등장하는 이오니아 도시들은 당시 트로이 전쟁 시기 — 역주 에는 아직 등장하지 않았다. 검과 단검, 화살은 기원전 8세기부터 철로 만들어졌지만, 호메로스 서사시에서는 청동으로 만들어졌다고 한다. 호메로스 이후 얼마 지나지 않은 시기에 살았던 또 다른 시인은 철이 존재하지 않았고 모든 것이 청동으로 만들어졌던, 더 오래된 시기에 대해 말하고 있다. 호메로스 서사시에 등장하는 무기 일부는 훨씬 더 오랜 과거, 즉 기원전 1400년까지 소급되기도 한다. 확실한 것은 《일리아드》와 《오디세이아》의 시인은 미케네 문명과 동시대 문명들, 즉 트로이와 히타이트 문명이 존재했던 위대한 시기 이래 지속된 전통을 보여 주는 좋은 사례라는 점이다.

이 모든 것에도 불구하고 우리는 이 서사시에서 말하고 있는 것들이 실제 역사에서, 그 시기에 있었던 역사적 사건과 부합한다고 믿을 수 있을까? 만약 그렇다면 어떻게 그것을 믿을 수 있을까? 그리스 왕비가 트로이로 납치되었다는 것이 사실일까? 아가멤논은 미케네 제국 왕이었나? 트로이는 수많은 함선에 공격받았을까? 트로이를 침공할 때 아이아스, 오디세우스, 디오메데스, 아킬레우스, 네스토르는 실제로 존재했을까? 트로이에 프리아모스라고 불리는 통치자가 있었을까? 헥토르와 파리스는 전쟁에 참여했을까? 이러한 질문은 계속 생길 수 있다.

그렇지만 우리는 앞서 영웅에 관한 이러한 서사시와 전설이 역사로 받아들여질 수 없음을 언급한 바 있다. 전설들을 문자로 기록된 역사와 상호 대조하는 경우에 우리는 역사적 사건들이 매우 심각하게 왜곡될 수 있음을 목도한다. 문자로 기록된 역사 없이 역사적 사실에 도달하는 것은 거의 불가능하다. 전설은 오스만 제국에서 멘키베(Menkibe, 터키어로 영웅담 혹은 위인전기)에 해당한다. 터키어에는 전설에 해당하는 적절한 용어가 없고, 멘키베라는 단어는 어느 정도 역사적 사실을 담고 있으면서 정치적인 이유로 과장된 텍스트를 의미한다. 멘키베는 어느 하나의 실재 혹은 실제적 측면을 담고 있다. 특히 정치적 연관성 때문에 중요하며, 동시에 멘키베는 일종의 사건 연대기이기도 하다.

멘키베에 대한 사례로 우리는 로마의 건국 전설을 들 수 있다. 이 전설에 따르면 로마는 기원전 750년 티베르 강가에서 늑대 젖을 먹고 자란 로무스와 로물루스에 의해 건국되었다. 이 전설과 지리적 특징을 연결시켜 보고자 할 때, 우리는 늑대가 유럽에서 오직 이 지역에서만 살고 있었다는 점에 주목할 수 있다. 그러므로 이곳은 늑대들이 살던 곳이고, 역사에서 보는 것처럼 몇몇 아이가 늑대에 납치됐을 가능성이 있다. 게다가

그림 78 아이네아스와 그의 오른팔에 팔라디온 (Palladion, 트로이와 로마의 수호신을 상징하는 종교 이미지 — 역주), 등 쪽에 안키세스 (트로이 왕족이자 아이네아스의 아버지 — 역주)가 표현된 은화

고고학 발굴을 통해 티베르 강가에서 그러한 마을을 발견할 수 있다. 그렇지만 이 작은 마을들이 확장되어 로마가 되지는 않았으며, 이는 고고학적으로 잘 드러난다. 로무스, 로물루스 관련 전설을 살펴볼 때 우리는 이러한 이야기를 통해 로마 도시를 어느 정도 신성한 장소로 만들고 있음을 알 수 있다. 이러한 이유로 신성한 영웅들이 멘키베에 포함돼야 했으며, 아우구스투스 황제 시기에는 베르길리우스가 이를 시도했다. 그는 서사시《아이네아스》에서 로마의 조상들을 신성한 영웅, 즉 트로이인과 연결시키고 있다. 다시 말해 몇몇 사실들이 다른 사실들과 조합돼 이런

저런 이야기를 엮은 하나의 신성한 역사가 만들어졌다. 유사한 일이 러시아 《이고르 원정기》1180년대에 쓰인, 남러시아 노브고로드세베르스키의 이고르 공이 튀르크계의 유목민 폴로베츠를 정벌하고자 출정했다가 패배한 전쟁 이야기 — 역주에서도 나타난다. 이 전설의 바탕이 되는 기록은 훨씬 전에 등장했지만, 1812년 나폴레옹이 점령한 동안 발생한 모스크바 대화재 때 모두 불타 없어졌다. 이후에 푸시킨은 불타 버린 기록에 기초해 전설을 다시 썼으며, 그 전설은 러시아 국가의 등장에 대해 전하고 있다. 오스만 제국 건국 과정에서 우리는 다시 멘키베에 나타나는 특징을 목도할 수 있다. 특히 오스만 제국이 건국됐던 소구트(Söğüt) 마을과 인근의 신성한 역사적 집단은 점점 더 확대됐다. 이것이 얼마만큼 사실인지 알지 못하지만, 우리는 오스만 제국이 어느 특정한 시기와 지형에서 등장해 거대한 정치 세력이 됐는지에 대해서는 확실히 알고 있다.

만약에 우리가 처음 출발한 곳, 즉 전설로 되돌아간다면, 9세기와 10세기 유럽 민요로부터 알게 된 오래된 게르만 영웅 전설이야말로 사람과 사실이 안팎으로 어떻게 중첩되어 있는지 잘 보여 주는 가장 좋은 사례이다. 이러한 전설들은 부르군트 제국의 멸망, 훈족의 중부 유럽 침입, 동고트의 멸망 등 대이동 시기의 역사적 사실과 인물들을 묘사하고 있다. 이 전설에서 에르마나리크(Ermanarich), 군디 하리(Gundi Hari), 아틸라(Attila), 오도아케르(Odoacer), 테오도리크(Theoderich) 같은 이름이 전해진다. 그렇지만 이 이름들은 전설에서 다양한 장소와 시간대에 혼재해 등장한다. 4세기의 에르마나리크와 5세기의 아틸라는 전설상에서 마치 거의 비슷한 시간대에 살았던 것으로 나타난다. 유사한 방식으로 프랑스 전설 〈롤랑의 노래(Chanson de Roland)〉에서는 10세기와 11세기 귀족들이 마치 샤를마뉴 대제와 같은 시기에 살았던 것으로 나타난다.

앞서 언급한 러시아 영웅 찬가에서도 9세기부터 16세기까지 살았던 사람들이 1100년대에 살았던 블라디미르와 동시대에 살았던 것으로 묘사된다. 우리는 이와 같은 혼동이 그리스 신화에서도 일어났을 것이라 인정할 수 있다. 설사 우리가 트로이 전쟁에 참여했던 영웅들이 실재했다고 받아들인다 하더라도, 그들이 각기 다른 시대에 살았다고 볼 수도 있다. 영웅들은 각기 다른 전설에서 선택돼 이윽고 하나의 거대한 영웅 전설을 이룬 것일지 모른다.

게르만 전설에서 더 놀라운 사례를 들어 보자. 훈족 왕 아틀리(Atli, 우리에게는 아틸라로 알려졌다)에 대해 전하는 각기 다른 두 개의 북유럽 전설이 있다. 아틀리는 부르군트 공주 구드룬(Gudrun)과 결혼했다. 그들이 결혼한 후 아틀리는 구드룬의 아이들인 군나르(Gunnar)와 호그니(Hogni)에게 가짜 초청장을 보낸다. 군나르와 호그니가 《니벨룽의 노래(Das Nibelungenlied)》로 잘 알려진 군터(Gunter)와 하겐(Hagen)이며, 특히 군터는 역사적으로 부르군트 왕 군디 하리(Gundi Hari)로도 알려져 있다. 아틀리의 아내 구드룬은 자기 자식들에게 속임수에 대해 경고했지만, 자식들은 초청에 응했다. 아틀리는 군나르와 호그니를 감옥에 가두고 고문했는데, 그 목적은 니벨룽의 보물이 어디에 있는지를 알아내는 것이었다. 두 사람은 고문당하면서도 이를 말하지 않아 결국 살해당했고, 구드룬은 복수를 맹세했다. 어느 날 밤 훈족이 아틀리의 궁전에서 먹고 즐기는 동안, 구드룬은 아틀리와 손님에게 고기 요리를 준비했다. 저녁 식사 후 그녀는 아틀리에게 그들이 먹은 고기가 아틀리의 두 아들이었다고 말한다. 아틀리는 너무 취해 대응을 하지 못했고, 한밤중이 되자 구드룬은 검으로 아틀리를 죽이고 노예들을 깨운 후 궁전에 불을 질렀다. 아틀리의 병사는 모두 죽었고 그녀의 복수는 끝났다.

이것이 북유럽 전설이 진행되는 방식이다. 만약 다른 자료가 없었다면 우리는 이 이야기가 얼마나 진실에 부합하는지 알지 못하고 다만 다음과 같이 말할 수 있을 것이다. 과거 어느 때 아틀리라고 불리는 왕이 있었는데, 부르군트 왕국을 물리친 후 부르군트 공주와 결혼했고, 복수심에 불타는 공주가 침실에 가져온 칼로 용감하게 아틀리를 죽였다.

감사하게도 우리에게는 아틸라의 죽음에 관련된 신뢰할 만한 증거가 있다. 아틸라를 개인적으로 알고 있던 비잔틴 역사가 프리쿠스(Pricus)는 이 문제에 대하여 다음과 같이 쓰고 있다.

> 454년 아틸라는 매우 아름다운 게르만 처녀와 결혼했다. 이 처녀의 이름은 구드룬이 아니라 힐디코(Hildico)이고, 그녀는 부르군트의 군디하르(Gundihar of Burgundy)와 어떠한 관련도 없다. 왜냐하면 구드룬은 아틸라가 등장하기 17년 전에 이미 노예가 되어 다른 훈족 지도자에게 살해됐기 때문이다. 아틸라는 항상 그랬던 것처럼 결혼식 날 저녁에 많은 술을 마셨다. 다음 날 아침 아틸라는 그의 침실에서 나오지 않았다. 침실에서 아무 소리도 들리지 않자 보초병들이 방 안으로 들어갔고, 아틸라는 피에 잠긴 채 침대에 누워 있었다. 그는 죽어 있었고, 힐디코는 구석에서 울고 있었다. 그러나 아틸라 주변에는 칼도 없었고 아틸라 몸에는 어떠한 상처도 없었다. 덩치 큰 훈족 황제는 자주 코피를 흘렸고, 그가 자는 동안 자기 피에 잠겨 죽었다.

후대에 발견된 다른 기록 몇 개에서 아틸라가 아내에게 살해되었다는 믿음이 점점 지지를 얻어 가는 모습을 확인할 수 있다. 사실상 이는 사람들이 애당초 생각했던 것과 거의 일치한다. 경호원들이 안으로 들어 갔을 때, 그들은 아틸라가 피를 뒤집어쓴 채 누워 있는 모습을 보았다. 조사가 진행되고 자연사였다는 점이 밝혀졌음에도, 게르만 출신 신부가 살인자였다는 믿음은 지속됐다. 이 버전은 자연스럽게 부르군트 그리고 이후 다른 북유럽 전설에도 받아들여졌다.

이 모든 논의들로부터 도출되는 결론은 무엇인가? 트로이 신화에서 아가멤논이 전쟁에서 귀환한 뒤 아내 클리템네스트라에게 살해된 것이 아니라 비누에 미끄러져 머리를 부딪치고 목욕하는 도중 죽었다고 말할 수 있는가? 물론 그렇지는 않다. 그러나 이렇게 말할 수는 있다. 아틸라 의 죽음은 아가멤논의 죽음처럼 의도적으로 일종의 복수로 그려졌다는 사실이다. 이 사실이 두 이야기가 공통적으로 갖고 있는 가장 중요한 특징이다.

트로이 전쟁, 전설, 영웅, 사건, 기록, 고고학자

트로이로 돌아가 보자. 다른 분야의 자료로 검증되지 않은 단순한 전설 에서 역사적 사건들을 이끌어 내는 것은 옳은 방법이 아니다. 지금까지 트로이 전쟁을 직접적으로 언급한 문헌 자료는 없다. 그럼에도 전설에 근거해 트로이 도시가 그리스인에 의해 불에 탔고, 이것이 역사적 사실 이라는 점을 받아들이는 것은 충분히 신뢰할 만하다. 왜 그럴까?

비록 전쟁과 직접적으로 관련된 문헌 자료는 없지만, 우리가 갖고 있는 유물들은 그리 나쁘지 않은 증거이다. 왜냐하면 트로이 전설은 고 대 암흑기에 일어난 것이 아니라 고고학에 의해 어느 정도 증명될 수 있는 미케네 시기 마지막 단계에 일어났기 때문이다. 다시 말해 트로이는 칼버트의 1863년 발굴 조사를 통해 발견됐으며, 트로이가 간직하고 있는 비밀 가운데 일부는 코프만이 1988년부터 2005년까지 진행한 발굴을 통해 여러 연구자에게 공유됐다. 우리는 미케네 문화에 대해 상당히 많은 양의 고고학적 지식을 갖고 있다. 그러나 월루사로 언급되는 트로이에 관한 많은 정보들, 이와 관련된 전설들은 동방, 즉 아나톨리아에서 전해진 것이다. 최근에 논의되고 있는 지배적인 관점 가운데 하나는 《일리아드》와 《길가메시 서사시》 사이에 밀접한 관계 혹은 어느 정도의 유사성이 있다는 사실이다. 특히 길가메시의 화법이나 영웅 사이의 갈등이 《일리아드》의 토대를 이룬다는 점은 활발한 논쟁 주제가 됐다. 여기에 더해 기원전 1600년경, 북부 시리아 도시 에블라(Ebla)에 대한 침공과 관련한 이야기를 전하는 히타이트 전설인 〈자유의 노래(Freedom Song)〉는 《일리아드》와 놀랄 만큼 유사성하다. 점점 더 많은 연구자들이 《일리아드》에 다양하고 오래된 동방의 화법 요소들이 있다는 사실을 수용하고 있다. 이 주제에 대한 연구들이 앞으로 새로운 결과를 가져올 것이 확실하다. 우리는 이 분야의 연구가 호메로스, 전설 그리고 동방의 문화적 전통 측면에서 새로운 동시에 매우 흥미로운 결과를 낳을 것이라고 생각한다.

그런데 1868년 이 모든 것이 시작됐다. 호메로스의 팬이던 부유한 독일 상인 하인리히 슐리만은 트로이에 대한 궁금증

그림 79 1860년경, 하인리히 슐리만과 첫 번째 아내

을 해결하고자 마지막으로 다르다넬스 해협에 도착했다. 당시 트로이라고 여겨졌던 피나르바시(Pınarbaşı, Ballı Dağ, 발리 닥) 발굴에서는 특별한 성과가 없었다. 목표를 상실한 하인리히 슐리만은 우연히 다르다넬스 출신 유명 인사 프랭크 칼버트를 만난다. 칼버트는 히사를리크(Asarlik, 아사를리크) 테페 일부를 매입해 1863년과 1865년에 발굴을 진행했으며, 이 장소가 트로이일 수 있다는 내용의 글들을 작성했다. 그렇지만 재정적인 어려움 때문에 대규모 발굴 조사를 실현할 수 없었다. 슐리만에게는 칼버트에게 없었던 돈과 야망, 전문성이 있었다. 그리하여 1870년 트로이 발굴이 시작됐지만, 실제로는 1871년에 시작되었다고 할 수 있으며, 1890년 슐리만이 죽을 때까지 큰 화제와 스캔들을 만들어 내며 간헐적으로 지속됐다.

그의 죽음 이후에 슐리만의 건축가였던 빌헬름 되르프펠트가 1893~1894년 사이에 발굴 조사를 계속했으며, 트로이 층위에 대한 복원 작업을 시작했는데 이 작업의 일부 성과는 여전히 유용하다. 오랜 시간이 흐른 후 칼 블레겐은 1932~1938년 사이에 트로이에서 정밀한 발굴을 진행했고, 1950년대에 자신의 연구를 여덟 권의 책으로 출간했다. 블레겐의 출간물은 지금까지도 에게해 고고학의 기초 자료로 여겨진다. 블레겐의 발굴 이후 50년이 지나고 만프레드 오스만 코프만은 1988년 새로운 발굴 조사를 시작했으며, 2005년 사망하기 전까지 매우 중요한 발견을 하며 발굴 조사를 계속했다. 코프만의 발굴 조사로 다른 여러 구역에서 다양한 새로운 유물들이 발견됐다. 이 발견 중 가장 중요한 것은 발굴 조사, 측량, 지표 조사를 통해 확인된 트로이 저지대 도시 위치에 대한 증거이다. 기원전 2500년경에 시작된 트로이 저지대 성채 도시는 방어 체계의 변화와 함께 기원전 10세기까지 지속됐으며, 250여 년의

그림 80 1893년 촬영한 되르프펠트의 트로이 발굴 장면

취약한 시기를 거쳐 헬레니즘 시대와 로마 시대에 다시 전성기를 맞이했다. 그렇지만 이 취락에서 트로이는 기원전 2000~기원전 1500년 사이에 최전성기를 맞이했다. 우리가 서양을 바라볼 때 트로이가 중앙의 미케네 취락과 함께 동시대에 동방의 서쪽 지역에서 가장 강력한 도시였음을 알 수 있다. 여기에서 발견되는 토기와 점토는 트로이가 미케네 세계 및 지중해 다른 중심지와 관계를 맺고 있었다는 점을 잘 보여 준다. 그리스 청동기 시대에 윌리오스(Wilios)라고 했던 호메로스의 일리오스는 위리야(Wiriya)로 언급된다. 위리야는 기원전 14세기까지 거슬러 올라가는 이집트 유적의 윌리야(Wiliya)를 의미하며, 다양한 히타이트 문헌에서 윌루시야(Wilusija) 또는 윌루사(Wilusa)로 언급되기도 한다. 북서 아나톨리아 지역에서 트로이보다 더 강력하고 웅장한 도시는 없었다.

슐리만, 되르프펠트, 블레겐, 코프만의 발굴 조사 결과에 따르면, 전쟁 중이었던 기원전 14세기 말에 대규모 지진이 도시를 파괴했고 고고학자들이 트로이 VI기라고 명명한 이 시기는 끝난다. 비록 트로이 VIIa(VII)기로 불리는 발전 단계에 트로이 도시는 점차 약해졌지만, 곧 과거 전성기 당시의 위세를 회복했다. 성벽과 성문은 좀 더 튼튼하게 만들어졌고, 서쪽의 약한 성문은 굳게 닫혔다. 저지대 도시 지역의 방어 성벽과 서축 구조는 지속적으로 기능했지만, 기원전 1180년에 이르러 화재와 패전으로 추정되는 재앙에 굴복했다. 매장되지 않은 채 남겨진 인골과 흩어져 버린 화살과 창끝 그리고 코프만의 발굴 조사에서 발견된 투석기에 사용되는 다양한 돌무더기는 이러한 재앙의 증거이다. 따라서 트로이 도시는 당시 호메로스의 서사시에 묘사된 것과 상응하는 재앙으로 파괴됐다. 그러나 이러한 발견들이 시인의 서사시를 증명하는가? 이 질문에 분명한 답을 제시하는 것은 힘들지만, 트로이가 공격받았고 전쟁과 관련이 있다는 점, 도시의 모든 것을 불태운 화재가 있었다는 점은 확실하다.

　우리의 고고학적 지식에 있는 간극을 메우고자 전설 혹은 서사시에 의지하는 것이 옳은지 아닌지에 대해 알기 쉽지 않다. 고고학 자료를 통해 트로이를 공격한 세력이 그리스인지 아닌지, 그들의 사령관이 아가멤논인지 아니면 다른 사람인지를 판정할 수 없다. 그리스인이 함선 수천 척을 몰고 와서 10년 동안 트로이 해안가에 머무르지 않았다는 점은 확실하다. 단순히 논리적 관점에서 본다면 불가능해 보인다. 그러나 우리는 트로이 방어 체계로부터 그리스군이 강력했다는 점을 추론할 수 있다. 심지어 투키디데스도 《일리아드》에 언급된 함선 숫자가 과장되어 있다는 점을 인정했다. 투키디데스가 맞을 수도 있지만, 여기에서 책임을 져야 하는 쪽은 호메로스가 아니라 '전설'이다. 그리스 국가의 모든 무력과 권력이 동시에 동원되었다고 생각하기는 힘든데, 왜냐하면 그러한 협력은 심지어 삶과 죽음 자체가 걸린 페르시아 전쟁 당시에도 일어나지 않았기 때문이다. 우리가 알고 있는 것으로부터 추정해 보면 그러한 협력은 미케네 제국이 더 심각한 위기에 봉착했을 때, 즉 테베, 필로스, 미케네가 기원전 1200년경 차례로 멸망했을 때나 가능했겠지만, 그리스 국가에서 그런 재앙과 공격이 트로이 전쟁을 전후해 있었는지에 대해서는 확실하게 결론을 내릴 수 없다. 확실한 것은 트로이 전쟁과 미케네 멸망 사이의 시간적 간극이 그리 길지는 않았다는 점이다. 우리는 미케네 지배자가 트로이를 정복했을 때 그의 나라에 여전히 자기 궁전을 가지고 있었는지에 대해 알지 못한다. 전설에서는 미케네 제국 지배자의 몰락을 언급하지만 궁전이 불타 무너져 내리는 것과 같은 사건에 대해서는 말하지 않는다.

　앞서 언급한 바와 같이 전설은 우리에게 청동기 시대 마지막 단계에 대해 신뢰할 만한 정보의 일부를 전해 준다. 이 정보에 따르면 하나의 그림을 그릴 수 있다. 우리는 미케네 제국과 마주하고 있는데, 미케네 제국 권력의 중심은 아르고스, 코린토스, 스미르나가 아니라 티린스, 스파르타, 필로스, 테베, 이올코스, 크노소스이며, 언어는 그리스어이다. 우리는 이 모든 사실을 '선형 문자 B'로 불리는 점토판을 통해서 알고 있다. 이 점토판은 그리스어 초기 방언으로 쓰였으며, 1952년부터 미케네 궁전과 필로스 궁전 기록 보관소에서 해독되고 있다. 우리는 이 점토판에서 실제 있었던 일상의 역사적 사건 대신, 별로 중요하지 않은 행정 및 관료 체계에 대한 정보만을 얻었다. 비록 그 정보가 우리 연구 목적에는 그리 유용하지 않지만, 이 점토판과 관련된 정보는 호메로스가 사용한 언어가 미케네 시대까지 거슬러 올라가는 전통을 가지고 있음을 보여 준다. 이 점토판을 통해 우리는 호메로스를 읽을 때 고전기ᅳ《일리아드》가 편찬된 시기 이후 ─ 역주에 사용되지는 않았지만 대략 기원전 1300년경에 보편적으로 사용된 이름의 일부를 발견할 수 있다. 문자 기록에는 밀레투스인, 크니도스인, 렘노스인, 아시아인 여성 노예의 이름 목록이 있는데, 이들은 아마도 전쟁 포로로 동부 에게해 지역에서 필로스로 보내진 것으로 추정된다. 우리는 심지어 트로이 여성의 이름 목록도 알 수 있다. 그러나 이 점토판에서 호메로스 서사시에 등장하는 영웅 이름, 혹은 미케네와 필로스의 왕이 누구였는지, 또는 트로이와의 전쟁이나 전쟁 준비 등에 대한 정보는 찾을 수 없다. 점토판은 단순히 트로이 전쟁 연대에 대한 단서만을 제공하며, 그 지점에서 우리 자신의 방식을 사용할 수밖에 없다.

히타이트 문서 기록과 트로이 전쟁

동방으로 눈을 돌리면 우리는 문자 기록으로부터 더 많은 정보를 얻을 수 있다. 히타이트 문서 기록에서 발견된 정보는 우리가 트로이 역사에 대해 좀 더 많은 연구를 할 수 있도록 도와준다. 기원전 17세기 이래 아나톨리아 중부 지역에서 중요한 세력으로 성장한 히타이트는 그들 스스로를 '하티(Hatti)의 땅'으로 불렀다. 히타이트는 처음 등장한 때로부터 수백 년이 지나지 않은 시점에, 특히 기원전 1200년경에 이집트와 아시리아 제국에 비견되는 강력한 세력으로 성장했다. 왕실 서신 및 국가 계약과 관련된 정보를 찾은 것은 중부 아나톨리아 제국의 수도 하투샤에 보관된 문서 기록에서였다.

그림 81 히타이트 수도 하투샤

하투샤에 거주했던 왕들의 가장 큰 욕망은 서쪽과 남쪽에 있는 나라들을 통제하거나 그 지역과 평화로운 관계를 유지하는 것이었다. 히타이트 왕들이 대체로 이러한 사실을 깨달았던 반면, 서쪽 나라들은 항상 문제를 일으켰다. 히타이트 문서 기록에 그런 곤혹스러운 사건들이 남아 있으며, 서쪽 지역 나라와 통치자 이름도 발견된다. 그 이름 가운데 하나가 바로 윌루시야(Wilusija)로, 그 의미는 윌루사이다. 1920년대에 이 문서 기록이 처음으로 해독된 다음, 이 이름과 그리스 이름 윌로스(Willos)와의 친연 관계가 중요해졌다. 오늘날 거의 모든 히타이트학 연구자들은 윌루사가 아나톨리아 북서쪽에 있으며 윌로스와 동일하다는 점을 인정하고 있다.

히타이트 문서 기록에는 아히자와(Ahhijawa) 제국을 의미하는 아히자(Ahhija)라는 이름도 등장하는데, 이 제국은 서쪽에 위치해 있다. 이 제국의 왕은 매우 중요한 인물인 동시에 히타이트 제국의 강력한 왕들과 같은 위치에 있었다. 연구자들은 아히자와라는 이름이 호메로스가 종종 그리스인, 즉 아카이(위)오이를 묘사할 때 사용했던 그리스 이름과 동일하다고 주장한다. 이러한 사실로부터 우리는 아히자와와 미케네 제국이 하나이며 같은 세력이라고 결론을 내릴 수 있다. 이 추론을 문법적으로 증명할 수는 없지만, 현대 연구자들은 양자가 동일하다고 받아들이고 있다. 당시 동쪽과 남동쪽에 또 다른 나라가 있었을 것 같지 않기 때문에 그 나라는 그리스일 수밖에 없다. 그럼에도 우리는 이 제국의 중심 세력이 어디에 있었는지 확실히 알 수 없다. 그 중심지가 로도스섬이었는지, 미케네였는지 아니면 테베였는지도 알려져 있지 않다.

히타이트 제국의 마지막 200년 동안, 즉 기원전 1400년부터 기원전 1200년 사이에 속하는 수많은 기록에서 아히자와와 윌루사의 이름을 발견할 수 있다. 우리는 투드할리야 1세가 재위한 기원전 15세기 말에 처음으로 이 이름을 찾을 수 있다. 투드할리야 왕은 동쪽 지역으로 군사 원정을 했고, 이 원정은 아르자와국에 대한 승리로 막을 내렸다. 승리 직후에 반란이 일어났고, 아수와(Assuwa)국 22개 지역의 왕들은 투드할리야 왕에 대항해 연합군으로 전쟁에 참여했다. 이 연합군 가운데서 윌루시야라는 이름과 탈루이사(Taruisa)라는 이름을 찾을 수 있는데, 이 이름은 트로이와 상당히 유사하다. 투드할리야 왕은 아수와 연합군에 다시 한 번 승리를 거두었고, 아수와의 모든 세력을 그의 통제 아래 두었다. 확실하지는 않지만 2004년 앙카라 아나톨리아 문명 박물관에서 전시된 은제 그릇에 루비아 문자로 새겨진 글은 이 전쟁을 묘사하고 있다. 은제 그릇에 히타이트 아스마야(Asmaja)가 라바르나 투르할리야(Labarna Thdhalja) 왕이 타르위자(Tarwiza)에게 승리한 해에 마자카르후하(Mazakarhuha) 왕을 위해 만들게 했다고 새겨져 있다.

아르자와에 대한 승리 직후 투드할리야 왕은 그의 군대를 서쪽으로 되돌려 보내야 했다. 왜냐하면 그의 봉신 마두와타(Madduwatta)가 아히자와 군주에게 공격받았기 때문이다. 공격한 세력이 그리스라는 점은 확실하다. 공격한 사람의 이름인 아타리시아(Attarisija)는 '두려움이 없다'라는 의미의 그리스어이기 때문이다. 그는 백 대의 전차와 천 명의 군대를 이끌었다고 추정된다. 또한 함대 역시 보유했음이 틀림없다. 자기 함대로 키프로스를 공격했기 때문이다.

두 세대 후인 기원전 1316년 아르자와 왕 우하지디(Uhhazidi)는 히타이트를 상대로 전쟁을 선언했는데 아마도 아히자와 왕이 그를 지지했던 것 같다. 이때 밀라완다(Millawanda) 도시가 아히자와에 합류했다. 밀라완다는 거대한 메안데르(Meander)강 옛 삼각주에 위치한 고대 도시 밀레투스와 같은 곳이다. 이 시기에 히타이트 왕 무르실리 2세(Mursili II)가 그의 장군 가운데 한 명을 서쪽으로 보내 밀리완다를 정복하게 했다. 후에 그는 우하지디의 수도인 아파사(Apasa, 고대 에페수스)로 돌아갔다. 우하지디는 배를 타고 섬, 또는 실제로 아히자와 지역으로 도망갔다.

승리를 거둔 무르실리 2세는 얼마 있지 않아 병들어 죽었다. 그를 살리는 데 온갖 종류의 약을 사용했으며, 심지어 '아히자와의 신'과 '레스보스의 신'에게 도움을 청하기도 했다. 여기에서 우리는 모든 사람에게 알려진 신들의 세계가 있었다는 사실을 추론할 수 있다. 히타이트와 아히자와는 무르실리 2세 치하에서 우호적인 관계를 유지했다.

또 다른 문자 기록, 즉 이 시기 서양에서 동방으로 보내진 편지에서 우리는 윌루사 전방에 있는 섬들에 대한 언급을 찾아볼 수 있다. 기원전 13세기로 편년되는 이 편지에서 하투샤 왕은 아히자와 왕에게 "그 섬들은 나의 소유다."라고 말했다. 이에 아히자와 왕은 기원전 15세기 선왕 카드무스(Cadmus)의 딸과 아수와 왕의 결혼 덕분에 이 섬들은 자기 것이 되었다고 대답했다. 여기에서 질문에 언급된 섬들은 아마도 괴크체아다(임로즈), 림리(Limli, 렘노스)와 세마디렉(사모드라케)을 의미한다. 최근에 다시 해석된 이 편지를 보면 후기 청동기 시대에 트로이/윌루사와 주변 도서 지역을 둘러싸고 긴장 관계가 있었음은 분명하다.

무르실리 왕 이후 기원전 13세기 초 무와탈리 2세(Muwattali II)가 히타이트 왕이 됐다. 이때 밀레투스에서는 아트파(Atpa)가 왕이었는데, 그는 아히자와의 봉신이었다. 당시 히타이트의 강력한 왕에게 반란을 일으킨 피자마라두(Pijamaradu)는 윌루사를 위협하고 일시적으로 지배했으며, 레스보스섬을 공격하기도 했다. 무와탈리 왕은 그의 장군 가운데 한 명을 보내 윌루사를 되찾게 했다. 피자마라두는 밀라완다에서 망명을 신청하고 아히자와로 도망갔다. 전쟁 직후에 강력한 왕 무와탈리는 윌루사 왕 아락산두(Alaksandu)와의 조약에 서명했다.

여기서 아락산두라는 이름이 상당히 흥미로운데, 왜냐하면 이 이름은 아시아에서 기원한 것이 아니며 실제로는 그리스 이름인 알렉산드로스(Alexandros)와 일치하기 때문이다. 호메로스의 서사시에서 헬레네를 납치한 윌루사 왕의 아들 이름 또한 알렉산드로스였다. 더 흥미로운 사실은 알렉산드로스의 중간 이름이 파리스(Paris)라는 것이다. 이 이름은 루비아어로 '파리–지티스(Pari-zitis)'와 동일하다. 다만 이 두 이름이 같은 인물을 의미한다는 주장을 받아들이기에는 편년의 문제가 있다. 아락산두 조약은 기원전 1280년에 체결됐다. 그러나 트로이 전쟁이 있었던 시기는 기원전 1180년에 해당하는 트로이 VII(또는 VIIa)기이다. 이 사실은 아락산두가 파리스보다 대략 100년 앞서 살았다는 점을 말해 준다.

이 모든 사실에도 불구하고 윌루사의 아락산디(Alaksandy)와 윌리오스(Willios)의 아락산드로스(Alaksandros) 사이의 친연성을 우연이라고 하기에는 너무 가깝다. 앞서 본 바와 같이 전설에서는 이름과 시대가 혼재되어 있다. 이 사례가 바로 그러한 경우에 해당한다. 윌루사 왕에 대한 기억은 호메로스 시대까지 전해진 전설이라는 수단으로 보존됐다. 이러한 관점을 뒷받침해 주는 또 다른 자료가 있는데, 이 자료는 아나톨리아 카리아(Karia) 지역 전통에 토대를 두고 있다. 호메로스 이후 고대 시기 작가 가운데 한 명은 파리스와 헬레네가 모투로스(Motulos)라는 이름의 왕에게 접대받았다고 서술했다. 이 모투로스가 윌루사 왕 아락산두와 조약을 체결한 무와탈리 그 자신이 아닐 이유는 없다.

결국 우리는 다음과 같은 질문을 던져야 한다. 왜 윌루사의 루비아어 이름을 가진 아시아 왕이 그리스 이름을 가지고 있는가? 아락산두가 태어날 때부터 그리스인이었을 가능성은 거의 없다. 그의 어머니는 그리스인인가? 만약 그렇다면 납치가 아니라 당시 일종의 관행이었던 정략결혼이라고 말할 수 있을까? 아마도 아락산두의 어머니는 아히자와 왕의 딸이었으며, 이 결혼은 정치적 우호 관계를 위한 것이라고 추정할 수 있다.

아락산두가 맺은 조약에는 히타이트와 윌루사의 관계에 대한 정보 외에 윌루사에 관한 다른 정보들이 있다.

> 언젠가 나의 조상 라바르나가 전체 아르자와국과 함께 윌루사국과
> 싸웠다. 그리고 그는 그들을 노예로 삼았다. 후일 아르자와국이
> 다시 적대적이 됐다. 그리고 아르자와는 히타이트 영토에서
> 윌루사를 분리시켰다. 그러나 이 문제는 오랫동안 알려지지 않은
> 채 남아 있었다. 어떤 왕인지 나는 모른다. 히타이트 영토에서
> 윌루사국이 분리되었을 때, 하티의 땅 왕들은 그 백성과 정말로
> 평화롭게 지내고 있었다. 그들은 정기적으로 그들_{아르자와국과}
>
> 윌루사국 — 역주에 사신을 보냈다.

조약이 기원전 1280년대에 체결됐기 때문에 하투샤와 윌루사 사이에는 최소 140년 동안 평화적인 관계가 지속됐다. 조약 두 번째 단락에 나오는 '나의 조상 라바르나'는 히타이트 역사에서 기원전 1600년 이전 시기를 가리킨다. 이로부터 우리는 아락산두 조약이 체결된 당시 히타이트와 윌루사의 우호적인 관계가 적어도 320년의 역사를 가지고 있었다

고 결론 내릴 수 있다.

　이 조약의 또 다른 조항에서 히타이트 왕 무와탈리는 다음과 같이 말하고 있다.

> 그리고 아르자와국이 다시 싸우기 시작했을 때, 내 할아버지
> 수피루리아마(Suppiluliama)가 왔고 아르자와국에 대항해
> 이겼다. 윌루사 국 왕 쿡쿠니(Kukkuni)는 그와 평화로운 관계를
> 유지했다. 그리고 그 쿡쿠니는 수피루리아마에게 대항하지 않았다.

　호메로스 서사시에서 이 이름의 흔적을 찾을 수 있다. 《일리아드》는 전쟁 초기에 아킬레우스에게 살해당한 위대한 트로이의 영웅 키크노스(Kyknos)에 대해 말하고 있다.

　조약 19번째 단락에서 말하기를, '추가적으로 당신 아락산두를 위해 내가 제작한 이 점토판을 당신이 직접 참석한 자리에서 매년 세 번씩 읽어야 한다'라는 조항은 아락산두가 건망증이 있는 왕이었음을 나타낸다기보다는 그들무와탈리와 아락산두 — 역주이 조약에 의지할 수밖에 없었고, 그로써 조약이 지속적으로 효력을 발휘했으며, 윌루사에 문서 보관소가 있었음을 말해 준다. 1995년에는 코프만의 발굴에서 루비아어로 만들어진 인장이 발견됐다. 그의 아내 이름이 새겨진 이 인장은 위에서 언급한 것과 관련해 많은 사실을 말해 준다. 불행히도 우리는 윌루사에서 점토판 문서 기록을 발견할 수 없었는데, 이는 다양한 원인 때문일 수 있다. 카스–울루부룬(Kaş-Uluburun)의 청동기 시대 마지막 단계에 해당하는 유적에서처럼, 문자로 기록된 자료가 쉽게 파괴될 수 있는 나무나 가죽과 같은 재료 위에 쓰였을 수도 있다. 또한 문서가 기록된 점토판을 불

에 굽지 않았을 수도 있다. 불로 구워 단단하게 만든 점토판만이 오늘날까지 남아 있을 수 있기 때문이다. 혹은 문서 보관소가 있던 중앙 궁전이 헬레니즘 시대나 로마 시대에 신전 건축을 위해 파괴됐을 가능성도 있다.

우리는 반항적이고 호전적인 피자마라두가 대략 기원전 13세기 중반에 해당하는 하투실리스 3세(Hatttusilis Ⅲ) 재위 기간에 활동했음을 잘 알고 있다. 이 사실은 리키아(Lycia) 지금의 터키 안탈리아 지역에 있었던 히타이트의 동맹국 ― 역주를 압박했고, 이 때문에 리키아는 하투실리(Hattusili)와 타와그라와(Tawaglawa)라는 인물에게 의지했다. 타와그라와는 아히자와 왕의 형제 중 하나이다. 그의 이름은 그리스어로 에테오클레스(Eteocles)와 일치하며, '정말 유명하고 인기 있는'이라는 뜻이다. 이후 하투실리는 밀레투스까지 피자마라두를 쫓았다. 피자마라두는 배를 타고 아히자와 지역으로 도망갔다. 그러자 하투실리는 당시 아히자와 왕(안타깝게도 그의 이름은 남아 있지 않다)에게 편지를 써서 일어난 일에 대해 불만을 토로했다. 이 편지에는 약간의 흥미로운 정보가 담겨 있다. 히타이트 왕은 아히자와 왕이 피자마라두에게 편지를 써서 몇 가지 일을 알려주기를 요구했다.

> 우리는 앞서 윌루사의 복속에 대해 의견을 달리했으며, 이 사실은 나로 하여금 히타이트 왕의 적이 되도록 했으나 우리 사이에 더는 아무 문제가 없다. 싸우는 것은 옳지 않다.

이로부터 우리는 아히자와와 히타이트 사이에 윌루사를 둘러싼 약간의 다툼이 실제로 있었다고 결론을 내릴 수 있다. 이러한 갈등이 실제 전쟁으로 이어지지는 않았고, 결과적으로 트로이는 파괴되지 않았다.

아히자와와 윌루사 사이의 위기는 이후 투드할리야 4세 재위(대략 기원전 1237~기원전 1209) 때도 계속됐다. 타르후나라다(Tarhunarada) 라는 또 다른 이름의 반란군은 아히자와의 도움을 받아 윌루사 남쪽의 강 유역을 통제하에 두었다. 이후 투드할리야는 조치를 취해 타르후나 라다를 평정했다. 이 시기에 윌루사 왕 왈무(Walmu)는 알려지지 않은 사건(아마도 아히자와와 관련된 사건일 것이다)으로 왕위를 빼앗겼다. 투 드할리야는 이에 개입해 왈무가 다시 윌루사의 통치자가 되는 것을 도 와주기도 했다. 윌루사와 히타이트, 아히자와의 관계는 상당히 긴장되 고 껄끄러웠다. 투드할리야 왕이 아무루(Amurru) 국가(북부 시리아)와 맺은 조약에서 자신과 동등한 위치에 있던 왕을 열거하며 다음과 같이 말했다.

그리고 나와 동등한 위치에 있는 왕은 이집트, 바벨(Babel),
아수리아(Assuria) 그리고 아히자와 왕이다.

그렇지만 아히자와라는 이름은 맨 끝에서 지워졌고, 다음 행에서 '아히자와의 어떤 배도 아수리아 왕 아무루에게 가게 하지 않을 것'이라 고 언급했다.

이후 히타이트 자료에 윌루사 복속에 대한 더 이상의 정보는 없다. 우리는 연대적으로 트로이가 전쟁으로 멸망한 당시, 즉 기원전 1180년 을 의미하는 트로이 VII(VIIa)기를 살펴보고 있다. 하투샤가 파괴된 것 도 바로 이 시기이다. 우리는 역사적 사건들이 어떻게 전개됐는지에 대 한 확실한 정보를 갖고 있지 않다. 하지만 기원전 1400년대에 시작하는 후기 청동기 시대 아나톨리아, 지중해, 에게해 지역 정치적 지형에 대해서는 제한된 정보를 갖고 있다. 이 시기에 아히자와 제국은 서부 아나톨리아 지역, 특히 미노아인이 남쪽에 세운 밀레투스를 통제하려고 시도했다. 어느 특정한 시기에 이르기까지, 이 세력은 서부 아나톨리아 국가들과 우호적인 관계를 유지했다. 그러나 기원전 13세기 이후 서부 해안 지역을 공격하기 시작했고, 많은 여인들을 노예로 삼아 그리스 국가로 데려갔다. 이러한 사건 중 윌루사가 때때로 논의에서 언급되었다. 우리는 텍스트를 바탕으로 틸루사(Tilusa)에 대한 대규모 공격이 있었다는 점을 증명할 수는 없지만, 그러한 공격이 상당한 정도로 가능했을 것이라 판단한다. 하투샤의 파괴가 트로이의 적에게 그런 공격이 가능할 것이라고 부추긴 사례일 수 있을까? 우리는 이에 대해 알지 못하며, 상대 연대표도 아직까지 그럴듯한 답을 주지 않는다.

또 다른 많은 사건들이 아히자와와 관련이 있다. 아히자와가 그리스 국가라는 것은 확실한 사실이지만, 과연 바다를 통제한 강력한 세력이었는가? 아히자와는 미케네 중앙의 지배를 받았는가? 이는 가능할 수도 있다. 왜냐하면 기원전 1400년경 미케네 세력이 크레타섬 대부분을 통제했기 때문이다. 호메로스는 아가멤논과 그의 조상들이 아르고스 지역 전체와 섬들을 통치했다고 서술했다. 이 역시 가능하다. 그러나 그러한 대규모 제국은 후대에 가면 종종 두 개 혹은 그 이상으로 분열된다. 거대한 미케네 제국이 궁전이 파괴된 후에도 여전히 중앙 세력으로 존속하는 것은 불가능하다. 불운하게도 우리는 아직 미케네에서의 파괴가 윌루사 혹은 하투샤의 재앙 이전에 일어났는지 혹은 이후에 일어났는지에 대해서는 모른다.

헬레네, 납치된 여신의 복수

전설에 근거해서 미케네 제국이 대규모 군대를 동원해 트로이를 공격했다고 가정해 보자. 왜 그들은 위험을 무릅쓰고 그러한 대규모 전쟁을 일으켰을까? 전설에 따르면 이 전쟁은 헬레네를 되찾아 오고 트로이를 징벌하기 위해 시작됐다. 이 설명이 왜 불가능한지, 그 이유가 중요하다.

헬레네는 필멸의 왕자비가 아니다. 그녀는 알에서 태어난 제우스의 딸이며, 여신이다. 그녀는 제우스의 추종자들인 디오스쿠로이(Dioskouros)의 남매이다. 심지어 고전기에 그녀를 믿는 제의가 스파르타와 로도스섬에 남아 있었다. 그러나 이 제의가 대규모의 잔인한 전쟁을 일으킨 이 여인을 전쟁 후에 여신으로 만든 것은 아니었다. 오히려 그들은 이 여인을 부정한 여인으로 만들었다. 제의 덕분에 헬레네는 언젠가는 죽는 유한한 생명을 가진 존재가 됐다.

우리는 이러한 여신 숭배 제의를 따라 고대로 되돌아 갈 수 있다. 예를 들어 산스크리트의 리그베다 텍스트와 라토니아 민요에서와 같이 비상할 정도로 아름다운 여신이 하늘의 신 디아우스(Dyaus) _{그리스 신화의 제우스에 비견되는 힌두의 신 — 역주}와 그의 두 아들을 만난다. 이 두 형제는 디오스쿠로이, 즉 그리스 신화에서 헬레네의 남자 형제이자 말을 타고 여행하는 제우스의 아들들과 닮았다. 인도(산스크리트)에서 이 아름다운 여인의 이름은 '태양의 소녀(the girl of sun)'이다. 이 전설의 스칸디나비아판에서 여신은 알에서 태어났다. 그러므로 독일 신화학자 빌헬름 만하르트(Wilhelm Mannhardt)가 1875년에 쓴 것처럼, 헬레네라는 이름의 어원학적 설명과 관련해 자그마한 단서를 얻을 수 있다. 이 이름의 또 다른 오래된 형태는 스웰레나(Swelena)이다. 'Swel'은 태양을 의미하며, 인도 게르만어에서 신을 가리키는 'enos/ena'와 같은 접미사를 추가하면 언어학적으로 매우 좋은 추론 결과를 얻을 수 있다. 그리스 신화에서 헬레네는 항상 태양과 관련이 있는데, 그녀가 바로 태양의 딸이기 때문이다. 로도스 사람들은 그녀를 태양과 더불어 숭배했다.

헬레네가 파리스에게 납치됐다는 것은 어떻게 설명할 수 있을까? 다른 사실들과 마찬가지로 과거로 거슬러 올라갈수록 이 또한 신화적 요소로 추론할 수 있다. 이와 유사한 신화를 살펴보면 하늘 신의 아들들이 태양 신의 딸을 구해 준다. 그러나 동시에 그 아들들은 그녀와 결혼하고자 한다. 그녀는 오로지 한 명과 결혼할 수 있기 때문에 이 상황은 일대일 결투 상황으로 전환되고, 결국 그녀는 납치된다. 실제로 이 이야기는 그리스 신화에 나타난 변환으로 잘 드러난다. 헬레네는 태양의 딸이 아니라 제우스의 딸이다. 그녀는 제우스의 아들인 디오스쿠로이의 누이이므로, 디오스쿠로이는 그녀를 구해 줄 필요가 없다. 이 역할은 다른 후손, 즉 아트레우스의 아들들인 아가멤논과 메넬라오스에게 맡겨진다. 헬레네는 그들 가운데 한 사람과 결혼을 해야만 했다. 전설에서는 디오스쿠로이 형제가 헬레네가 혼기에 찼다고 말하자마자 형제 모두_{아가} _{멤논과 메넬레오스 ─ 역주} 그녀와 결혼하고자 했다. 그러나 아가멤논은 이미 결혼한 상태였으므로 메넬라오스가 헬레네와 결혼하게 된다. 아름다운 헬레네가 또 다른 사람에게 납치당했을 때 형제는 다시 한 번 그녀를 되찾는 데 힘을 합한다. 여기에 언급된 모든 사람들은 신화에서 유한한 수명을 갖는 인간 목록에 포함된다. 그러나 이러한 사건은 신에게도 일어날 수 있는 것으로 보인다.

이러한 전설, 이야기, 신화는 미케네 제국이 트로이에 행한 군사적 행동 및 공격과 관련해 어떤 기억을 포함하고 있는가? 헬레네의 납치는 여전히 순수한 하나의 역사적 가능성으로 남아 있다. 이 문제를 해결하려면 우리는 옛 동방 사회에 관심을 가져야 한다. 동방의 오랜 전쟁 전통에서, 적의 신이나 토템을 도시 밖으로 가져가거나 납치하는 것은 아주 흔한 일이다. 율법(Torah)에서 예언자 다윗은 블레셋의 신상을 가져온다. 기원전 13세기의 시작과 함께 많은 아시리아 왕들은 그들이 정복한 땅에서 이국적인 물품들을 가져다가 아시리아로 옮겨 놓았다. 기원전 16세기 초 히타이트 왕 무르슐리 2세는 바빌론 신 마르두크의 신상을 가져왔다. 마르두크 신상은 불과 14년이 지난 뒤 반환됐다. 그 후 기원전 1215년에는 아수리아로 보내졌다가 한참 시간이 흐른 뒤 반환됐으며, 기원전 1158년 엘람인은 마르두크 신상을 수사(Susa)로 옮겼다.

이러한 상황은 또한 중요한 전쟁의 원인이 됐다. 이 사건이 있은 지 40년 후 바빌론 왕 네부카드네자르 1세(Nebuchadnezzar I)가 엘람에 전쟁을 선포하고 마르두크 신상을 다시 자기 나라로 가져갔다. 이때 살았던 바빌론의 옛 시인들은 노래했다.

> 바빌론 왕이 절망 속에 앉아 마르두크에게 빌며 말하기를,
> 신이시여 저를 불쌍히 여기소서, 우리를 불쌍히 여기소서,
> 얼마나 오랫동안 외국 땅에 머물려고 하시나이까?
> 당신의 제국으로 돌아오지 않으시려는지요?

하늘에서 이러한 탄식을 들은 마르두크는 명령을 내려 왕으로 하여금 엘람에게 전쟁을 선포하고 신상을 되찾아 오게 했다. 왕은 확실히 승리할 수 있었다.

옛 동방의 전쟁 전통에서 신의 상징을 납치하는 것과 관련된 사건과

신화를 고려할 때, 우리는 이론적으로 헬레네의 상징을 납치하는 것이 《일리아드》라는 서사시에서 이루어지는 신화의 변환이라는 사실을 받아들일 수 있다. 만약 우리가 조금 더 나아간다면, 이러한 행위가 아락산두에 의해서 기원전 1280년에 이루어졌고, 복수는 기원전 1180년에 완수되었다고 말할 수 있다. 이러한 방식으로 심지어 윌루사 왕이 동의했던 아락산두 조약과 후대의 트로이 VIa(VIIa)기를 연관시킬 수도 있다. 그러나 이러한 주장들은 현재 우리가 제공할 수 없는 많은 증거들을 필요로 한다.

확실한 것은 아히자와가 항상 서부 아나톨리아와 윌루사를 통제하려고 시도했다는 점이다. 여기에는 의심할 여지도 없이 정치적, 경제적, 역사적 이유가 있다. 특히 청동기 시대 경제에 반드시 필요했던 자원 산지로의 바닷길을 통제하려는 욕망이 중요한 역할을 했음에 틀림없다. 왜냐하면 바닷길을 통제한다는 것은 수많은 갈등과 대규모 전쟁의 원인을 제공했을 수도 있지만, 한편으론 국가나 제국에 더 큰 부와 재화를 가져다주었음을 의미하기 때문이다. 우리는 이 전쟁이 트로이 전쟁이었는지에 대한 어떠한 기록도 가지고 있지 않다.

그러나 수천 년이 흐른 지금까지 전해져 내려온 전설은 신화와 같은 형태로 이 전쟁에 관한, 이 시기에 대한 잊을 수 없는 기억들을 우리에게 가져다준다. 감사하게도 우리에게는 《일리아드》가 있다. 《일리아드》는 이런 잊을 수 없는 영웅들의 시기에 관한 가장 아름다운 전설 가운데 하나이다. 이 전설이 수천 년 동안 사라지지 않고 남을 수 있었던 것은 《일리아드》를 지은 시인의 언어 덕분이다.

트로이, 역사적 실체인가?
아니면 문학적 상상인가?

트로이 유적 그리고 슐리만에 대해 처음 알게 된 것은 아마도 초등학교 4학년 아니면 5학년 때쯤이 아니었나 생각된다. 당시 유행하던 소년소녀 문고본으로 읽었던 트로이 전설과 슐리만에 관한 내용 가운데 슐리만이 어려서 일했던 가게 주인 딸 민나와의 애틋한 사랑과 실연, 슐리만이 낯선 외국어를 배우려고 무조건 책을 사서 통째로 외우던 장면에 대한 묘사, 더운 여름날 미케네 유적을 발굴 조사하면서 나무 그늘에 앉아 포도주와 빵을 먹는 모습을 그린 삽화는 고고학을 본격적으로 공부한 지 30년이 지난 지금에도 기억 속에 뚜렷이 남아 있다.

대학에 들어와 한국 고대사, 한국 고고학, 유럽 선사 시대를 공부하며 한국을 포함해 중국과 일본 및 유럽 각지에 산재해 있는 유적과 박물관을 답사했다. 그렇지만 여전히 한여름 땀을 흘리며 유적 조사를 하고 물 한 모금 포도주 한 잔에 행복해하는, 어쩌면 조금은 낭만적인 고고학 연구를 여전히 꿈꾸고 있었던 것도 사실이다. 다행히도 지난 10여 년 동안 아제르바이잔 가발라시에서 살비르 왕성 유적을, 최근에는 러시아 투바 공화국에서 스키타이 왕묘 아르잔 고분을 발굴하면서 이러한 '낭만적인 꿈'이 어느 정도 이루어진 듯하다. 하지만 트로이는 여전히 언젠가는 꼭 가 보고 싶고, 또 반드시 가 봐야 할 미지의 장소로 남아 있었다.

그 이유는 지금까지 공부해 왔고 앞으로도 해결하고 싶은 개인의 정체성 형성과 물질문화와의 관계와 관련해 유럽 중기 청동기 시대 이래 남성의 외모와 외면적 아름다움을 강조하는 동시에 남성성을 중시하는 사회적 변화가 호메로스의《일리아드》에 묘사된 트로이 전쟁 및 영웅들의 모습과 정확히 부합하기 때문이다. 아마도 유럽 청동기 시대에 존재했던 남성 전사들의 모습을 문학적으로 표현한 것이 바로《일리아드》의 트로이 전쟁이 아니었을까?

이러한 낭만적인 생각과는 별개로 슐리만과 트로이 유적은 고고학계에서 지금까지 많은 논란을 낳았다. 슐리만은 진정한 고고학자인가 아니면 유적 파괴범이자 일종의 도굴꾼인가? 트로이 전쟁과 관련해《일리아드》에 묘사된 여러 사건이 유적 조사를 통해 입증될 수 있는가? 슐리만이 반출한 후 독일과 러시아를 포함해 여러 국가와 기관에 소장된 고고학 유물들의 최종 소유권은 누구에게 있는가? 등의 문제들은 지금 고고학이 당면한 중요한 문제이기도 했다.

지금까지 출판된 슐리만 전기와 트로이에 관한 책 대부분은 대체로 어렸을 적 꿈을 실현하고자 평생을 노력한 개인의 성취를 강조하고, 이러한 슐리만의 노력 덕분에 트로이 전쟁의 실체에 접근할 수 있게 되었다는 시각이 주류를 이룬다. 사실 슐리만이 주류 고고학의 의심스러운 눈길과 조소에도 아랑곳하지 않고 자신의 꿈을 실현하고자 그 누구도 관심을 갖지 않았던 미케네 유적과 트로이 유적을 조사해 나름의 성과를 얻은 점은 분명하다.

　그럼에도 트로이 전쟁의 존재를 입증하고자 적절한 기록 없이 후대 문화층을 파괴한 행위나 때로 자기 업적을 과대 포장하고, 유물을 적절한 신고 없이 밀반출했다는 점은 비판받기에 충분하다. 또한《일리아드》에서 문학적 상상력을 바탕으로 묘사된 트로이 전쟁이 문자 그대로 트로이 유적에서 증명될 수 있는지에 대해서는 아직도 해결되지 않은 문제들이 많이 남아 있다. 이러한 측면에서 뤼스템 아슬란 교수의 저술은 슐리만과 트로이 유적을 균형 잡힌 시각에서 이해하기 위한 최적의 출발점이 될 수 있으리라 생각한다.

　뤼스템 아슬란 교수는 이스탄불 대학에서 학부를 마친 후 1980년대 후반부터 트로이 발굴 조사에 참여했고, 1990년대 이후 트로이 발굴 조사를 이끈 독일 튀빙겐 대학 코프만 교수 지도하에 석사 과정과 박사 과정을 마치고, 지금까지 트로이 유적 발굴 조사를 주도하고 있다. 이 책에서 저자는 30여 년 이상 트로이 유적을 조사해 온 현장 고고학자 시각에서 그리고 아나톨리아 청동기 및 철기 시대 전공자로서 보다 광의의 시각에서 트로이 유적이 갖고 있는 지정학적, 역사적 중요성에 대해 설명하고 있다.

　트로이에 관한 뤼스템 아슬란 교수의 체계적인 설명을 읽다 보면 우리가 알고 있는 트로이와 트로이 전쟁은 역사적 실체와 문학적 상상이라는 양자 가운데 어느 하나를 선택해야 하는 문제가 아니라 그 경계 어딘가에 걸쳐 있는 문제로 보는 것이 합리적이라는 점을 알 수 있다. 그러나 그 사실이 트로이와 트로이 전쟁이 역사적 실체와 문학적 상상 사이의 어딘가를 헤매는 유령 같은 존재라는 점을 의미하지는 않는다. 오히려 당시의 역사적 현실과 물질적 조건 속에서 자기 삶을 충실히 살았을 트로이인과 그리스인이 자신들의 실제 경험과 신화적 상상력을 문학적 허구를 통해 상징적으로 표현한 텍스트이자 고고학적 실체라고 할 수 있다. 바로 이러한 사실이 호메로스가 《일리아드》와 《오디세이아》를 저술한 지 2,700여 년이 지났음에도 트로이 유적과 트로이 전쟁이 여전히 우리에게 무한한 고고학적 상상력과 문학적 영감의 원천이 되는 이유일 것이다.

이 책을 번역하는 과정에서 여러분의 도움이 있었다. 트로이 유적을 직접 방문해 답사할 수 있도록 배려해 주신 전 터키 주재 한국 대사 조윤수 대사님과 한양대학교 이희수 교수님께 깊이 감사드린다. 서양 고전학적 관점에서 《일리아드》와 《오디세이아》의 중요성을 깨닫게 해 주신 서울대학교 철학과 이태수 교수님과 서울대학교 인문학연구원 안재원, 김헌 두 분 교수님께도 깊이 감사드린다. 마지막으로 번역문 초고를 읽고 교정을 도와준 서울대학교 서양사학과 조현서 군에게도 감사의 마음을 전하고 싶다.

2019년 3월 독일 보훔에서
김종일
서울대학교 고고미술사학과

참고 문헌

발굴 보고서
Excavation Reports

Heinrich Schliemann, Trojanische Alterthümer. Bericht über die Ausgrabungen in Troja (Leipzig 1874). With Atlas Trojanischer Alterthümer. Photographische Abbildunge zu dem Bericht über die Ausgrabungen in Troja (Leipzig 1874).

Heinrich Schliemann, Troy and its Remains. A Narrative of Researches and Discoveries made on the site of Ilium and tin the Trojan Plain. Ed. Philip Smith, transl. Dora Schmitz. (London/ New York 1875).

Heinrich Schliemann, Bericht über die Ausgrabungen in Troja in den Jahren 1871 bis 1873. Mit einem Vorwort von Manfred Korfmann sowie 70 Abbildungen und 48 textbezogenen Tafeln aus dem "Atlas trojanischer Alterthümer (Munich/Zurich 1990).

Heinrich Schliemann, Ilios, The City and Country of the Trojans. The Results of Researches and Discoveries on the Site of Troy and throughout the Troad in the Years 1871, 72, 73, 78, 79. (London/ New York 1881).

Heinrich Schliemann, Troja, Results of the latest Researches and Discoveries on the Site of Homer's Troy, 1882. (London/New York

1884).

Heinrich Schliemann, Bericht über die Ausgrabungen in Troja im Jahre 1890 (Leipzig 1891).

Wilhelm Dörpfeld, Troja and Ilion. Ergebnisse der Ausgrabungen in den vorhistorischen und historischen Schichten von Ilion 1870-1894 (Athens 1902, reprint Osnabrück 1968).

Carl W. Blegen, John L. Caskey, Marion Rawson, Jerome Sperling, Troy I. General Introduction. The First and Second Settlements (Princeton 1950).

Carl W. Blegen, John L. Caskey, Marion Rawson, Troy II. The Third, Fourth and Fifth Settelements (Princetion 1951).

Carl W. Blegen, John L. Caskey, Marion Rawson, Troy III. The Sixth Settlement (Princeton 1953).

Carl W. Blegen, Cedric G. Boulter, John L. Caskey, Marion Rawson, Troy IV. Settlements VIIa, VIIb and VIII (Princeton 1958).

J. Lawrenceangel, Troy. The Human Remains. Supplementary Monograph 1. (Princeton 1951).

Alfred R. Bellinger, Troy. The Coins. Supplementary Monograph 2. (Princeton 1961).

Dorothy Burr Thompson, Troy. The Terracotta Figurines. Supplementary Monograph 3. (Princeton 1963).

George Rapp Jr., John A. Gifford, Troy. The Archaeological Geology. Supplementary Monograph 4. (Princeton 1982).

Friedrich Wilhelm Goethert, Hans Schlief, Der Athena-Tempel von Ilion (Berlin 1962).

Korfmann, Manfred (Edit), Archaeologie eines Siedlungshügels und seiner Landschaft (Mainz 2006).

Annual excavation reports on the new excavations (since 1988) appear in the periodical Kaz›Sonuçlar›Toplant›s› (Ankara, in Turiksh) and expecially in Studia Troica (Mainz, in German and English).

특정 주제에 대한 최근 연구
Recent Research on Particular Topics

Manfred Korfmann, "Troia- A Residential and Trading City at the Dardanelles," in Politeia: Society and State in the Aegean Bronze Age. Proccedings of the Fifth International Conference, Heidelberg 1994. Aegaeum 12, (Liège 1995).

Manfred Korfmann, " Hisarlık und das Troia Homers. Ein Beispiel zur kontroversen Einschätzung der Möglichkeiten der Archäologie," in Festschrift für Halet Çambel (1997).

Irina Antonava, Vladimir Tolstikov, Mikhail Treister, The Gold of Troy. Searching for Homer's Fabled City, Ed. Donald Easton. (London 1996). Catalogue of the exhibition in Moscow 1996-97.

M. L. West. The East Face of Helicon: West Asiatic Elements in Grek Poetry and Myth. London. 2003.

일반 문헌
General Literature

Rüstem Aslan, 101 Questions About Homer, the Iliad and Troy (Çanakkale 2011).

Carl W. Blegen, Troy and the Trojans (London 1963).

Birgit Brandau, Troia, Eine Stadt und ihr Mythos. Die neuesten Entdeckungen (Berg. Gladbach 1997).

John M. Cook, The Troad. An Archaeological and Topographical Study (Oxford 1973).

Michael Siebler, Troia, Homer, Schliemann: Mythos und Wahrheit (Mainz 1990).

Michael Siebler, Troia: Geschichte, Grabungen, Kontroversen (Mainz

1994).

Michael Wood, In Search of the Trojan War (London 1985).

Haluk Şahin , The Bozcaada Book. Troya Yayınları. 2001.

젊은이를 위한 책
Books for Young People

Rüstem Aslan, Neue Spuren zwischen alten Mauern (Bag Veralg 2004).

Peter Connolly, The Legend of Odysseus (Oxfor 1986).

Walter Jens, Ilias und Odyssee (Ravensburg 1983).

트로이, 신화의 도시

초판 1쇄 인쇄 2019. 4. 20.
초판 1쇄 발행 2019. 4. 30.

지은이   뤼스템 아슬란
옮긴이   김종일
발행인   이상용 이성훈
발행처   청아출판사
출판등록   1979. 11. 13. 제9-84호
주소   경기도 파주시 회동길 363-15
대표전화   031-955-6031 팩시밀리 031-955-6036
E-mail   chungabook@naver.com

ISBN 978-89-368-1145-7 03900

잘못된 책은 구입한 서점에서 바꾸어 드립니다.
본 도서에 대한 문의 사항은 이메일을 통해 주십시오.